Inhalt

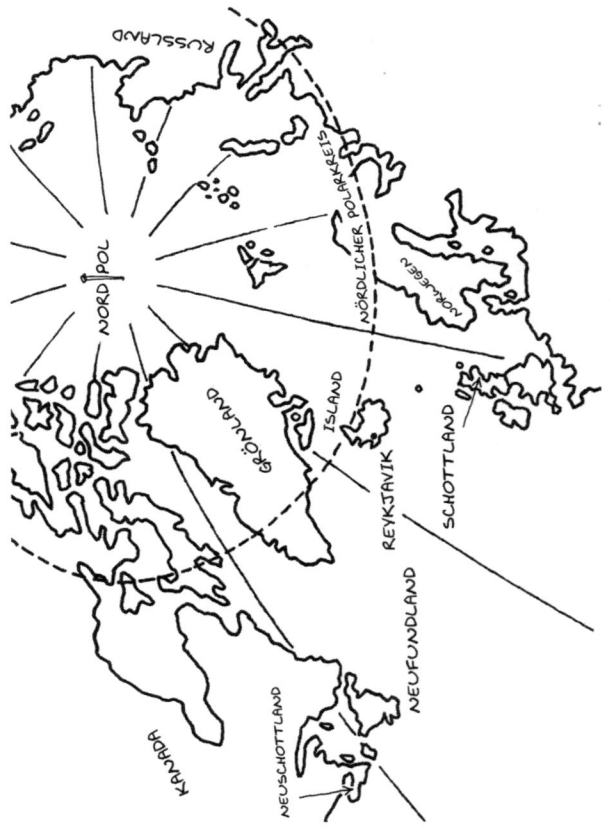

Die Einwohnerzahl Islands (336.000) entspricht der einer durchschnittlichen Stadt in Deutschland, aber die Infrastruktur gleicht eher der von Los Angeles. Apropos Los Angeles: Die Isländer haben die Ansprüche der Einwohner von Hollywood. Rechnet man die gesamte aufgezeichnete Geschichte zusammen, haben nicht mehr als 1 Million Menschen überhaupt auf Island gelebt.

Nationalgefühl & Identität

Vorwarnung

Die Isländer sind Europäer, doch nur bis zu einem gewissen Punkt – und dieser Punkt liegt rund zweihundert Seemeilen vor der Küste. Sie sind Mitglied des Europäischen Wirtschaftsraums und denken manchmal darüber nach, der Europäischen Union beizutreten, da sie das Gefühl haben, einen wertvollen Beitrag leisten zu können. Die globale Finanzkrise ließ die Idee, zur Eurozone zu gehören, sogar noch attraktiver erscheinen und sie verhandelten zwischenzeitlich über eine Mitgliedschaft. Aber es gibt Probleme. Es ist schwierig für Isländer zu akzeptieren, dass sie nicht dasselbe Stimmrecht hätten als, sagen wir mal, die Franzosen oder die Deutschen. Weist man darauf hin, dass sie im Vergleich zu diesen Ländern nur wenige Einwohner haben, verstehen sie dies einfach nicht. Ein Land, eine Stimme, oder etwa nicht?

>> **Der größte Zweifel hinsichtlich eines Beitritt zur EU betrifft den Fisch.**

Allerdings, der größte Zweifel hinsichtlich eines Beitritt zur EU betrifft den Fisch. Kabeljau bildet die Grundlage der isländischen Wirtschaft und die Isländer werden sehr nervös, wenn ausländische Trawler ihre Lebensgrundlage gefährden. Ein Grund, warum sie die Briten lieben, ist die Tatsache, dass diese den letzten Kabeljau-Krieg verloren haben. Es war ein freundschaftlicher Krieg und die Isländer lieben Verlierer, jedenfalls solange sie gegen Island verlieren.

Obwohl die Fischerei eine ernsthafte Angelegenheit ist,

fügen die Isländer ihr einen Hauch von Surrealismus hinzu. Das Massensterben von Heringen im Kolgrafafjörður in Westisland ließ die Theorie aufkommen, dass zu viele Fische dem Wasser Sauerstoff entzögen. Die Isländer versuchten die Fische aus dem Fjord wegzujagen, indem sie laut Rolling-Stones-Lieder unter Wasser abspielten. Die Fische blieben trotzdem.

Die Isländer sind sich im Klaren darüber, dass sie eine kleine Nation mit begrenzter Bedeutung in der Welt sind.

》 Es erscheint den Bewohnern absolut richtig, dass Jules Verne seine Reisenden zum Mittelpunkt der Erde durch einen isländischen Vulkan schickte.

Dies macht sie zu einem eng untereinander verbundenen Volk mit einem ausgeprägten Gemeinschaftssinn. Sie sind enorm stolz darauf, dass ihr Land einmalig ist (nirgendwo sonst gibt es Lavawüsten, aktive Vulkane und Eiskappen). Wie ein Besucher kommentierte: „Was man hier zu sehen bekommt, stimuliert die Sinne fast bis zur Überwältigung." Es erscheint den Bewohnern absolut richtig, dass Jules Verne seine Reisenden zum Mittelpunkt der Erde durch einen isländischen Vulkan schickte.

Im Winter 1002/1003 wurde Snorri Þorfinnsson in Vinland (heutzutage nimmt man an, dass es sich bei Vinland um Neufundland oder Neuschottland handelt) als Kind isländischer Eltern geboren, der erste nicht-indianische Amerikaner. Es ist nur eine Frage der Zeit, bis die Isländer Klage einreichen, um Nordamerika für Snorris noch lebende Nachkommen einzufordern.

Wie sie sich selbst sehen

Isländer haben eine sehr hohe Meinung von sich selbst. Sie sind die Söhne der Wikinger, des größten aller historischen Völker, berühmt für ihre Stärke, Tapferkeit, ihr gutes Aussehen und ihre männlichen Werte. Die Tatsache, dass dieselben Vorfahren auch für Plünderungen berühmt sind, wird diskret übergangen. Auch macht man wenig Aufhebens um Ingólfur, den ersten Wikinger, der auf Island landete. Als Zeichen des

>> **Die Isländer sind die Söhne der Wikinger, des größten aller historischen Völker, berühmt für ihre Stärke, Tapferkeit, ihr gutes Aussehen und ihre männlichen Werte.**

Respekts benannten sie die Stelle, an der er landete, Ingólfshöfði, aber sie schreiben es so winzig in ihre Karten, dass man kaum bemerkt, dass es nur ein kleiner Steinhaufen ein paar Kilometer vor der Küste ist.

Als Beweis ihrer natürlichen Überlegenheit verweisen die Isländer darauf, dass Island der Nabel der Welt ist. Wer die Richtigkeit dieser Behauptung anzweifelt, braucht nur einen Blick in die Wikinger-Sagas, die größte aller literarischen Errungenschaften, zu werfen, in denen diese Ansicht unzählbar oft im Verlauf langer, sich ins Uferlose verlierender Erzählungen über Mord und Rache ihren Ausdruck findet.

Sie betonen, dass sie bei vielen Dingen das Größte und Beste haben: Sie haben den Vatnajökull, den größten Gletscher in Europa, der eine Fläche hat, die fast so groß ist wie Zypern, was Frankreichs Mer de Glace an der Mont-Blanc-Gruppe im Vergleich dazu wie einen Eiswürfel aussehen lässt. Ihre Wasserfälle sind höher, gewaltiger und großartiger als alle anderen in Europa. Auch wenn Strokkur, ihr einziger noch aktiver Geysir, kleiner ist als der im amerikanischen Yellowstone-Nationalpark, schaffen sie es, daran zu erinnern, dass man ihn unter dem isländischen Begriff Geysir finden kann, mit dem heutzutage alle solch natürlichen Springquellenphänomene bezeichnet werden. Sie haben auch den westlichsten Punkt in Europa – eine Tatsache, die garantiert die Iren ärgert, die in Dingle zahlreiche Schilder aufgestellt

>> **Isländer halten sich selbst für kultiviert und gebildet, mit einem beneidenswerten literarischen Erbe und einem unabhängigen Geist.**

haben, die dasselbe behaupten. Sogar die isländischen Pferde müssen herhalten, denn sie haben fünf Gangarten statt vier wie die Pferde im Rest der Welt.

Isländer halten sich selbst für kultiviert und gebildet, mit einem beneidenswerten literarischen Erbe und einem unabhängigen Geist. Diese Aspekte werden in allen Ansprachen ihrer Präsidenten erwähnt. Diese gelten als die Verkörperung der Nation und ihre Kommentare werden für bare Münze genommen. Zitaten wird ein freundliches „Wie der Präsident sagt ..." vorangestellt. Tatsächlich wird dieser Ausdruck so oft benutzt, dass er eine leere Phrase geworden ist.

Die Nation erlitt einen Schock, als eine Studie zu Blutgruppen darauf schließen ließ, dass sie eher gälischer als wikingischer Abstammung sei: Dieselben Wurzeln wie die Amerikaner zu haben (die im Prinzip irischer Abstammung sind und daher eigentlich nicht akzeptabel) und sogar Charakterzüge mit den Engländern zu teilen (die zwar recht liebenswürdig, aber arrogant sind), war fast mehr, als man ertragen konnte. Was bekannt war (aber verschwiegen wurde), ist, dass bereits irische Mönche in Island waren, als die Wikinger ankamen. Einige Historiker behaupteten, dass es tatsächlich eine irische Niederlassung gab und dass die Wikinger entweder alle Siedler ermordet oder – noch viel schlimmer – sich mit ihnen vereinigt hätten. Heutzutage geht man davon aus, dass die wenigen Mönche, die zuerst hierhergekommen waren, voller Abscheu, dass sie ihren Zufluchtsort mit Heiden teilen sollten, das Land verließen. Und dass die Ergebnisse der Bluttests mit natürlichen Gründen abgetan werden oder,

> **» Man könnte annehmen, dass die Isländer, da sie ein gemeinsames Erbe mit den skandinavischen Ländern teilen, diese als Brüder betrachten. Nicht wirklich.**

noch besser, mit der Behauptung ausgeräumt werden können, dass die Wikinger unterwegs auf den Shetland- und Orkney-Inseln ein paar gälische Frauen kidnappten. Damit war die Gesundheit der nationalen Psyche wiederhergestellt.

Wie sie andere sehen

Man könnte annehmen, dass die Isländer, da sie ein gemeinsames Erbe mit den skandinavischen Ländern teilen, diese als Brüder betrachten. Nicht wirklich. Ihre isolierte Lage führte dazu, dass sie noch immer die Sprache der Wikinger sprechen, während der Rest der Skandinavier eine minderwertige Sprache zusammengesetzt aus Niederdeutsch und einem Mischmasch anderer Fragmente spricht.

Über die Norweger lacht man wegen ihrer Begeisterung für Freizeitaktivitäten im Freien, was man als Beweis dafür sieht, dass die Norweger, wie die Isländer schon immer vermuteten, begriffsstutzig und langweilig sind. Spricht man die Isländer auf Gemälde von Edvard Munch, die Musik von Edvard Grieg oder die Bücher von Knut Hamsun an, dann bekommt man zu hören, dass diese Norweger höchstwahrscheinlich von isländischen Wikingern abstammen, die für ein Wochenende nach Hause fahren wollten und durch eine lästige Flut oder den Wind hängengeblieben sind. Die Ölfunde in der Nordsee und die Tatsache,

》》 Die Schweden gelten als egozentrisch und sexbesessen.

dass diese die Norweger sehr reich gemacht haben, hat die Sichtweise etwas verändert. Jetzt hält man die Norweger für begriffsstutzig, langweilig und findet, dass sie unverschämtes Glück gehabt haben.

Die Schweden gelten als egozentrisch und sexbesessen und sie geben sich nur allzu gern der Vergnügungssucht hin – Schwächen, die den eigenen zu ähnlich sind, als dass man ihnen diese nicht verübeln würde.

Man hält auch nichts von Norwegern und Schweden, weil sie zu den arktischen Ländern gehören. Wegen seines Namens und der wilden Landschaft würde man erwarten, dass Island über dem nördlichen Polarkreis liegt, doch das schafft nur die Insel Grimsey vor der Küste im Norden und dann auch nur ein paar Meter weit. Konsequenterweise machen sich die Isländer über den Polarkreis lustig und sagen, dass nur ein Mann in Island sich die Mühe machen würde, ihn zu überschreiten. Er ist der Pfarrer von Grimsey und er tut es auch nur, weil der Polarkreis mitten durch sein Bett verläuft.

Die Engländer werden als amüsante und liebenswürdige Exzentriker angesehen, dazu bestimmt, an zweiter Stelle zu kommen. Die Isländer finden diesen letzten Charakterzug wirklich komisch und merkwürdig beruhigend. Fast die gesamte Bevölkerung spricht Englisch dank der früheren Anwesenheit eines amerikanischen Luftwaffenstützpunktes in Island, was dazu führte, dass das Land mit amerikanischen Fernsehprogrammen überflutet wurde. Lokale Fernsehsender haben die amerikanischen Direktübertragungen ersetzt, aber da sie hauptsächlich amerikanische Programme ausstrahlen, ist es schwierig, einen Unterschied festzustellen.

»„Die Isländer waren so vernünftig zu vergessen, dass sie Amerika entdeckt hatten."

Während der Emporkömmling Christoph Kolumbus den Ruhm dafür geerntet hat, die Neue Welt entdeckt zu haben, ergötzen sich die Isländer an ihrem Wissen, dass es einer der ihren war, Leifur Eiríksson, der dies bereits einige Jahrhunderte zuvor geschafft hatte. Einige wünschen sich, er hätte es nicht getan. Wie Winston Churchill angeblich bemerkte: „Die Isländer waren so vernünftig zu vergessen, dass sie Amerika entdeckt hatten." Isländer lieben amerikanische Dollars, störten sich aber an den Soldaten, die diese ausgaben. Um sich zu revanchieren, verbannten sie die Amerikaner in eine unwirtliche, einsame Gegend der Insel, unter dem Vorwand, dass sich Islands einziger internationaler Flughafen (Keflavík) dort befindet. Bemerkenswerterweise behaupten sie nun, dass Keflavík so weit in der Pampa liegt, weil die Amerikaner dort stationiert waren.

Besondere Beziehungen

Die Isländer haben eine spezielle Beziehung zu den Dänen, doch dies hat nichts mit ihrem gemeinsamen Wikingererbe zu tun. Bis ins 20. Jahrhundert herrschte Dänemark über Island, weshalb die Isländer finden, dass die Dänen ihr Land ausgebeutet und es arm und ungebildet, primitiv und isoliert gehalten haben. Bei der älteren Generation hört man manchmal die Redensart: „Dänen machen gute Gesetze für Dänen" – womit sie eigentlich sagen wollen, dass die Dänen zu Hause bei ihren LEGO-Steinen bleiben sollen (obwohl Ausnahmen für Dänen gemacht werden, die internationale Berühmtheiten sind. Ihnen gegenüber können ältere Isländer sehr wohl besitzergreifende Gefühle haben).

>> **Jüngere Isländer betrachten Dänen als Verwandte und können sehr von ihnen schwärmen – solange keine Dänen anwesend sind.**

Jüngere Isländer neigen zu einer etwas anderen Sicht der Geschichte. Dänisch wird noch immer an isländischen Schulen unterrichtet (erst 1998 wurde es vom Englischen als erste Fremdsprache abgelöst), daher entwickeln junge Leute eine Affinität zu den Dänen. Sie betrachten sie als Verwandte und können sehr von ihnen schwärmen – solange keine Dänen anwesend sind.

Die einzigen anderen Länder, mit denen sich die Isländer verbunden fühlen, sind Luxemburg, Kanada und Russland. Luxemburg hat die größte Gemeinde von Auslandsisländern, da sich hier früher der europäische Firmenhauptsitz von Icelandair befand. Isländer teilen mit den Luxemburgern einen Minderwertigkeitskomplex, der daher rührt, dass sie so wenige sind. Die Isländer und Luxemburger holen nicht oft Höchstpunktzahlen beim Eurovision Song Contest* und sie verlieren regelmäßig beim Fußball (allerdings zählen die Isländer sich zu den großen Fußballnationen seit sie im Achtelfinale der Europameisterschaft 2016 gegen England gewonnen haben).

Die Verbindung zu Kanada besteht aus Familienbanden. Nicht weniger als 10.000 Isländer emigrierten in den 1880er Jahren nach Kanada und diese Beziehungen werden weiterhin gepflegt. Wenn ein Isländer einen Kanadier trifft, geht er

❯❯ Nicht weniger als 10.000 Isländer emigrierten in den 1880er Jahren nach Kanada.

davon aus, dass der Kanadier die kanadischen Verwandten des Isländers, mit dem er gerade spricht, kennt.

Die Russen sind aus verschiedenen Gründen etwas Spezielles. Russische Trawler pflegten regelmäßig an der isländischen Küste anzulegen und Männer von scheinbar überwältigender Dummheit auszuspucken, die dazu überredet werden konnten, überteuerte Flaschen mit einem robusten Wodka für klapprige Ladas und andere Fahrzeuge einzutauschen. Diejenigen, die den Wodka probiert hatten, zweifelten in keinem Falle daran, wer das bessere Geschäft gemacht hatte. Die Russen kommen inzwischen etwas seltener, aber ihre Vorliebe für kräftigen Wodka ist geblieben.

---

*Wofür sie recht dankbar sind. Denn die isländische Wirtschaft würde einen Sieg und die Ausrichtung des nächsten Wettbewerbes nicht verkraften.

Wie sie von anderen gesehen werden möchten

Die Isländer möchten so gesehen werden, wie sie sich selbst sehen – als ein hochgebildetes Volk. Als Beweis ihrer Kultiviertheit können die Isländer auf die Herausgabe einer monatlich erscheinenden englischsprachigen Zeitung verweisen.

>> Die Isländer möchten so gesehen werden, wie sie sich selbst sehen – als ein hochgebildetes Volk.

Wie viele andere Länder produzieren eine Zeitung in einer anderen als der Landessprache?

Ebenso beeindruckend ist es, dass es in einem Land mit Eiseskälte unter den vielen traditionell isländischen Lebensweisheiten eine gibt, die besagt: „Es ist besser barfuß zu gehen als ohne Bücher."

Charakter

Stärke und Intelligenz

Die Wikinger, die sich um das Jahr 870 in Island niederließen, waren Leute, die die Ordnung, die ihren skandinavischen Heimatländern durch den König, der diese Länder vereinigt hatte, auferlegt worden war, nicht tolerieren konnten. Dieses unabhängige Naturell ist noch immer ein isländischer Charakterzug: Isländer sind Individualisten und Abenteurer.

Auch das Land selbst hat seinen Stempel auf den Volkscharakter gedrückt. Die ersten Siedler hatten es schwer. Danach wurde das Klima etwas milder, so dass man im 12. Jahrhundert Zeit hatte, sich kriegerischen

>> **Isländer sind Individualisten und Abenteurer.**

Auseinandersetzungen zu widmen. Drei Gruppen von Isländern bekriegten sich über den Zeitraum von fast hundert Jahren immer wieder, eine Zeit, die heute unter der Bezeichnung Sturlungenzeit bekannt ist, was abgeleitet ist von Sturla, einem Großbauern im Norden von Reykjavík, der der Vater von Snorri Sturluson war, einem der größten isländischen Dichter und Verfasser der *Egils saga*. (Snorri soll eine Herde von 120 Rindern nur für den Zweck gehalten haben, dass sie die Kälber hervorbrachten, auf deren Häuten er seine Geschichten schrieb.)

Nach der Sturlungenzeit verschlechterte sich das Klima, weshalb Kämpfe nicht mehr möglich waren: Alle brauchten ihre Energie zum Überleben. Doch in den kalten und rauen Wintern hatten die Bauern wenig zu tun außer zu lesen und die Sagas zu erzählen. Das schuf ein belesenes und kunstsinniges Volk.

Ihre Geschichte führt bei den Isländern zu einer Persönlichkeitsspaltung. Sie schätzen sowohl ihr künstlerisches Erbe als auch ihre Widerstandsfähigkeit. Das Volk hat entsetzliche Naturkatastrophen überlebt. 1783–1785 ereignete sich einer der größten Vulkanausbrüche,

>> **Ihre Geschichte führt bei den Isländern zu einer Persönlichkeitsspaltung.**

den die Welt je gesehen hatte, und ein Viertel der Bevölkerung starb, als der „Dunst des Hungers" (der durch Ausbruch entstandene Staub) das Licht der Sonne blockierte. Aber die Bewohner haben es ausgestanden. Die heutigen Isländer schöpfen daraus Trost. Sie wollen, dass ein isländischer Mann der stärkste Mann der Welt ist, doch soll er auch als hochkultivierte Person frei von täglichen niederen Aufgaben wahrgenommen werden. Als Jón Páll Sigmarsson den Titel als stärkster Mann der Welt gewann, erfreute er alle Isländer, als er eine enorme und unwahrscheinlich schwere Last über den Kopf hob und sagte: *„Ekkert mál fyrir Jón Pál."* Was übersetzt „Kein Problem für Johann Paul" heißt und sich im Isländischen reimt. Die Isländer waren euphorisch – Jón Páll hatte die nationale Vorstellung untermauert, dass der Isländer ein starker Dichter ist.

Nicht nur hat ein Isländer den Titel des stärksten Mannes der Welt errungen, sondern es trugen auch eine Reihe von Isländerinnen den Titel Miss World. Außerdem gab es eine überraschende Zahl von isländischen Schachgroßmeistern und die Nation hat mehr Schriftsteller und Künstler pro Kopf als jedes andere Land der Erde. Diese Tatsachen bestätigen die Isländer in ihrem Glauben, dass sie ein Volk starker, schöner und intelligenter Menschen sind.

Eigenständig und sozial

Der isländische Mann mag ein Individualist sein, aber er ist auch ein Vereinsmeier, ein regelmäßiger Teilnehmer an Klubs und Gruppen. Die meisten besuchen eine oder zwei Versammlungen pro Woche – wie etwa den „Klub für witzige Streiche" oder den „Klub für Weintester, vorausgesetzt dass der Rausch nicht zur Scheidung führt". Ihr Enthusiasmus für Vereine führt aber nicht so weit, dass sie den Gewerkschaften beitreten würden. Solche Organisationen finden sie im Allgemeinen zu ernsthaft.

>> **Ihr Enthusiasmus für Vereine führt nicht so weit, dass sie den Gewerkschaften beitreten würden.**

Das Leben als einsamer Bauer oder Fischer mag den Isländer verschlossen und schweigsam, ja sogar reserviert erscheinen lassen, aber das ändert sich gerade, denn das Reisen hat aus ihm ein viel sozialeres Wesen gemacht.

Der Isländer arbeitet hart, ist aber sprunghaft. Er vertraut auf sich selbst, ist flexibel und nicht wehleidig, aber verlegen, unbescheiden und ungeduldig. Er ist großzügig Freunden gegenüber, aber auch eigensüchtig. Er zeigt wenig Enthusiasmus für die Errungenschaften anderer, egal wie enorm diese sein mögen, reagiert aber verärgert, wenn seine eigenen Erfolge, wie bescheiden auch immer, nicht als weltbewegend anerkannt werden.

Isländische Frauen sind willensstark und unabhängig, beides Qualitäten aus der Zeit der Fischertradition, als die Frauen Heim und Hof organisierten und alles leiteten, während sie auf die Rückkehr ihrer Männer warteten; und oft kamen die Männer nicht zurück. In Fischerdörfern lebten

» Isländische Frauen sind willensstark und unabhängig.

wegen der kürzeren Lebenserwartung der Väter immer eine hohe Zahl von alleinstehenden Müttern. (Noch immer ist es nicht mit einem sozialen Stigma verbunden als Mutter alleine zu sein, ob verheiratet oder anderweitig. Tatsächlich gibt es heute mehr alleinstehende Mütter denn je, und Island hat, zusammen mit Großbritannien, die höchste Geburtenrate außerehelicher Kinder in Europa.)

Da sie ihre Stärke und Unabhängigkeit behalten haben, sieht man den Feminismus als einen Schritt rückwärts an – warum sollte man Gleichheit akzeptieren, wenn man überlegen ist? Es überrascht darum auch einigermaßen, dass die moderne isländische Frau den modernen isländischen Mann heiratet. Das einzige Schlachtfeld der Geschlechter ist die Politik, bei der willensstarke Frauen das Gefühl haben, jahrelang unter den Handlungen willensschwacher Männer gelitten zu haben.

Bauernmentalität

Island stürzte sehr schnell ins 20. Jahrhundert. Nachdem die Isländer bis 1940 ein isoliert lebendes Inselvolk waren, fanden sie sich plötzlich im Zentrum des Interesses wieder. Besetzt (zu ihrem eigenen Besten, wie man ihnen sagte) von den Engländern und den Amerikanern, entdeckten sie, dass sie reicher waren, als sie es sich jemals hätten träumen lassen. Neue

>> **Es heißt, dass die Isländer 1948 pro Kopf die größte Anzahl von Badewannen in ganz Europa besaßen.**

Märkte für ihren Fisch machten sie für viele Jahre zu einem der reichsten Länder Europas. Dies passierte einem einfachen Landvolk, deren ungehobelte Manieren erhalten blieben. Es heißt, dass die Isländer 1948 pro Kopf die größte Anzahl von Badewannen in ganz Europa besaßen, doch in den meisten Fällen wurden sie dazu benutzt, den Fisch frisch zu halten.

Einem durchschnittlichen Bauern traut man zu, die meisten Probleme des Lebens zu lösen, wenn er 20 Minuten Zeit, einen Hammer und ein Stück Schnur hat. Diese Auffassung wurde durch die frühen Straßenbauer bestärkt, die zwar theoretisch geschulte Ingenieure waren, sich jedoch als recht nutzlos erwiesen. Selbst wenn sie ihre Sache richtig machten, wurden die Brücken, mit denen sie abgelegene Teile des Landes mit den Hauptverkehrsadern verbanden, ein Hassobjekt: Nachdem die Leute, für die man die Brücken gebaut hatte, diese nutzten, um in die Städte zu ziehen, verfielen diese und wurden danach nicht mehr gebraucht.

Noch nicht ganz mit dem Konzept des Stadtlebens vertraut, haben die Isländer noch immer Schwierigkeiten mit dessen Regeln. Wenn man es gewohnt ist, mit seinem Pferd ins nächste Dorf zu reiten und es an einem Pfahl vor dem Laden, den man besuchen möchte, anzubinden, dann erwartet man, dass das mit einem Auto genauso funktioniert.

》 Wenn man es gewohnt ist, mit seinem Pferd ins nächste Dorf zu reiten und es an einem Pfahl vor dem Laden anzubinden, dann erwartet man, dass das mit einem Auto genauso funktioniert.

Folglich herrschte in den Parkhäusern in Reykjavík gähnende Leere, während die Straßen voller Autos waren, deren Fahrer geflissentlich die Parkuhren ignorierten. Um dem entgegenzuwirken, führten die städtischen Behörden eine Armee gefürchteter Parkwächter ein. Diese machen ihre Arbeit so gut, dass nun überhaupt niemand mehr im Zentrum parkt und sich verschiedene Geschäfte in der Laugavegur-Straße (der wichtigsten Straße der Innenstadt) gezwungen sahen, zu schließen. Es gibt gerade eine (möglicherweise nur zeitweilige) Verschnaufpause, da die Parkwächter zum Laugardalur (einem Tal mit heißen Quellen) abkommandiert wurden, wo ein „World Class"-Fitnesszentrum Kunden anlockt, die in solch schlechter Verfassung sind, dass sie nicht mal die 200 Meter vom Parkplatz zu Fuß schaffen und regelmäßig, widerrechtlich, vor dem Haupteingang parken.

Auch eine weitere Tradition ist erhalten geblieben: Wenn man durch die Stadt fährt und jemanden trifft, den man kennt, egal ob auf dem Gehweg oder in einem entgegenkommenden Fahrzeug, dann hält man an für ein Schwätzchen, so wie man das machen würde, wenn man einem anderen Reiter begegnete. Ein Gespräch dauert so lange, wie es eben braucht. Dauert es sehr lange, und das kommt öfter vor, ist die Schlange hinter den Gesprächspartnern bald kilometerlang. Die Isländer tolerieren ein solches Verhalten bis zu einem gewissen Grad. Diejenigen, die zornig genug geworden sind, drücken vielleicht mal auf die Hupe, aber wenn sie das tun, dann werden die schuldigen Fahrer und jeder andere in Hörweite sie mit vernichtenden Blicken durchbohren. Das Ganze hat aber auch eine gute Seite. Falls man die Straßenseite wechseln möchte, vor allem wenn man schwer beladen ist, hat man immer Vorrang.

>> Falls man die Straßenseite wechseln möchte, vor allem wenn man schwer beladen ist, hat man immer Vorrang.

Ländliche Bräuche hatten seltsame Nachwirkungen. Isländer machten vor vielen Jahren Schlagzeilen, als das Halten von Hunden in der Stadt verboten wurde. Es hieß, dies geschehe, wegen der Probleme mit Hundehäufchen und der Würmer, die dadurch verbreitet würden. Doch der wirkliche Grund war, dass man bei der Stadt Reykjavík fand, dass das Halten von Hunden zu sehr nach der ländlichen Vergangenheit aussehe – der gebildete Großstädter brauche keinen Hütehund. Inzwischen ist die Hundehaltung wieder erlaubt, doch ist die Hundesteuer ungeheuer hoch, so dass die offizielle Missbilligung noch durchscheint.

Haltungen & Werte

Im Bann des Huldufólk

Obwohl es nicht jedem Besucher der Insel auffällt, wird Island neben den Isländern noch von einer ganzen Völkerschar bewohnt. Da gibt es die Elfen, die die Größe normaler Menschen haben, sich aber im Verborgenen halten. Sie leben in Hügeln. Dann gibt es Trolle. Im Gegensatz zu den norwegischen Trollen gibt es sie nicht in verschiedenen Größen von klein bis groß und sie liegen nicht unter Brücken auf der Lauer, um Ziegenböcke zu fangen. Isländische Trolle sind zwischen 3–3,60 m groß und leben in den Bergen. Darüber hinaus gibt es Zwerge. Isländische Zwerge sind so klein, wie man vermutet, und leben in Felsbrocken. Insgesamt ist diese ganze Schar im Isländischen unter dem Namen *huldufólk* – verborgenes Volk – bekannt. Ihre Wohnorte sind leicht zu erkennen: Es sind besonders schöne Felsen, Berge und Hügel.

» Die Landschaft ist so atemberaubend, dass sich der Mensch im Verhältnis zu ihr nur bedeutungslos fühlen kann.

Besucher, die dies für Quatsch halten, unterschätzen den Einfluss, den die Geschichten über das verborgene Volk auf das isländische Gemüt haben. Die Landschaft ist so atemberaubend, dass sich der Mensch im Verhältnis zu ihr nur bedeutungslos fühlen kann. Dieses Gefühl wurde noch verschärft durch die Tatsache, dass die frühen Siedler ein Leben in Einsamkeit, weit weg von ihren Nachbarn, führten. (Die Höfe mussten groß sein, da der Boden wenig fruchtbar war.)

Aufgewachsen mit den Geschichten der Wikingervergangenheit, einer Welt mit eigenartigen Göttern und Superhelden, ist es verständlich, dass für die Isländer das Land die Heimstätte übermenschlicher Wesen war.

Der Glaube ist so tief verwurzelt, dass es schwierig ist, Mythos und Realität zu unterscheiden. Die Hauptverkehrsstraße von Reykjavík nach Selfoss biegt einige Kilometer nach Hveragerði, in der Nähe einer Kirche auf der rechten Seite, ohne offensichtlichen Grund nach links ab. Sie macht dies, um einen Elfenhügel zu umgehen. Sogar heute noch werden Straßen in Ortschaften um Elfenhügel und Zwergenfelsen herumgelegt. Frühere Erfahrungen haben die Leute gelehrt, dass der Versuch, über den Stätten des *huldufólk* zu bauen, nutzlos ist. Planierraupen geben den Geist auf, Hammer zerbrechen, nichts kann diesen Orten etwas anhaben. Da kann man besser gleich darum herumbauen.

» Kinder bekommen heute noch immer die Geschichten über das verborgene Volk zu hören.

Kinder bekommen heute noch immer die Geschichten über das verborgene Volk zu hören. Sie mögen diese Tradition, weil sie das Betrachten der Natur reicher erscheinen lässt. Jedenfalls ist das so real, dass die alten heidnischen Wikingerwurzeln offenbar näher an der Oberfläche liegen, als viele Isländer zugeben würden.

Eine Urgroßmutter mag von einer Zeit erzählt haben, als ihre Schafe ein paar Tage verschwunden waren und eine Elfenfrau an ihre Tür kam, um sich dafür zu entschuldigen, dass sie die Schafsmilch für ihr krankes Kind brauchte, und um mitzuteilen, wo die Schafe gefunden werden könnten. Eine Studie hat ermittelt, dass es 62 % der Bevölkerung für möglich halten, dass das *huldufólk* existiert. Wie es ein führender Naturschützer ausdrückt: „Ich habe in einer Kirche geheiratet vor einem Gott, der ebenso unsichtbar ist wie die Elfen." Ein in Kanada lebender Isländer hatte in der landesweiten isländischen Zeitung eine Anzeige aufgegeben, um eine Elfe zu finden, die nach Kanada auswandern würde, als Partnerin für einen Elf, der unbeabsichtigt mit einer Gruppe isländischer Emigranten mitgereist war. Der Elf trieb, hungernd nach Liebe und Gesellschaft, sein Unwesen. Die Zeitung verfolgte die Geschichte in der Hoffnung, an dem Scherz teilhaben zu können. Doch der Inserent hatte keinen Witz gemacht, was die Leser nicht überrascht haben dürfte.

>> **Eine Studie hat ermittelt, dass es 62 % der Bevölkerung für möglich halten, dass das huldufólk existiert.**

Fragt man Isländer nach dem verborgenen Volk, hört man wahrscheinlich die Geschichte von Niels Bohr, dem dänischen Physiker und Nobelpreisträger, mit dem sie eine Geistesverwandtschaft fühlen, da Island von den Dänen regiert wurde, als er auf der Höhe seiner Kräfte war. Zu dieser Zeit hatte er ein Hufeisen als Glücksbringer in seinem Arbeitszimmer hängen. Ein skeptischer Besucher, dem es schwerfiel zu verstehen, dass ein solch führender Wissenschaftler an so etwas glauben konnte, fragte ihn ganz direkt. „Natürlich nicht", meinte Bohr, „aber ich habe gehört, es funktioniert, ob man daran glaubt oder nicht."

Profit vor Schutz

Man würde erwarten, die Tatsache, dass sie eines der letzten großen Wildnisgebiete Europas besitzen, würde die Isländer zu einer grünen Nation machen. Doch das ist nicht der Fall, jedenfalls nicht, wenn grüne Themen dem Profit im Weg stehen. Mit der zunehmenden Bedeutung des Tourismus für die Gesamtwirtschaft ist jedoch eine deutliche Verschiebung in Richtung Grün spürbar. Schließlich ist es die Farbe des amerikanischen Dollars.

Obwohl viele Nationalparks zum Schutz der schönsten Landschaften eingerichtet wurden, haben die Isländer ein gespaltenes Verhältnis zur Natur. Bis vor Kurzem wurde eine Prämie für den Abschuss des Polarfuchses gezahlt und das Für und Wider des Walfangs wird noch immer diskutiert. (Der isländische Ausdruck für Glücksfall ist *hvalreki*, was mit „gestrandeter Wal" übersetzt werden kann).

❯❯ Die Isländer haben ein gespaltenes Verhältnis zur Natur.

Als die ersten Siedler auf Island ankamen, gab es Wälder, wo es heute nur noch moosüberwachsene Einöden gibt. Die Bäume wurden für ihre Langschiffe umgehackt und bald gab es so gut wie keine Bäume mehr. Es gab Versuche, neue Waldgebiete anzulegen, doch durch das Klima wachsen die Bäume langsam und werden zudem vom Wind im Wachstum behindert. Es ist ein nationaler Witz, dass das Einzige, was man machen muss, wenn man sich in einem isländischen Wald verirrt hat, ist, wieder aufzustehen. Interessanterweise – für ein Land mit so wenigen Bäumen – errichteten die Isländer einst die größte hölzerne Kathedrale Skandinaviens (verwendet wurde aus Norwegen importiertes Holz), und sie benutzen noch immer hölzerne Baugerüste, die mit etwas Schnur oder Elektrokabeln an Gebäuden befestigt werden. Holz ist

> **>> Amerikanische Soldaten wurden mit der Behauptung angelockt, dass unter jedem Baum eine wunderschöne, blonde Jungfrau warte.**

besser für die Hände, wenn im Winter ein Kältesturz kommt. Bei dem Mangel an Wäldern ist es natürlich eine Ironie, dass amerikanische Soldaten, unter denen Island als ein unbeliebter Posten galt, mit der Behauptung auf die Insel gelockt werden sollten, dass unter jedem Baum eine wunderschöne, blonde Jungfrau warte.

Stammbäume und Familienvermögen

Da die alten Könige Islands Dänen waren, gibt es keine isländische Aristokratie. Da diese fehlt und seit die Isländer erkannt haben, dass es in Europa keine klassenlosen Gesellschaften gibt, haben sich verschiedene „Klassen" entwickelt.

Eine der interessanteren war die Klasse, die auf der Familiengeschichte beruhte. Nur wenige Familien waren in der Lage, ihre Familiengeschichte weiter als ein paar Generationen zurückzuverfolgen. Diejenigen, die es konnten, wiesen stolz darauf hin, dass ihre Vorfahren zu den Mitgliedern der ersten Langschiffe gehörten, die an den Stränden im Süden an Land gezogen wurden. Doch eine riesige Datenbank, die Informationen aus den Sagas, Kirchenbüchern und Volkszählungen nutzt, ermöglicht es heutzutage jedem, dasselbe zu tun. Das hat dazu geführt, dass fast jeder Isländer jetzt weiß, dass er irgendwie mit seinem Nachbarn verwandt ist. Als Folge davon wird das Wort „Onkel" jetzt allgemein zur gegenseitigen Bezeichnung genutzt, und wenn man den Stammbaum weit genug zurückverfolgt, dann entspricht es wahrscheinlich der Wahrheit. Doch während manche Besucher diese engen Beziehungen der Isländer untereinander reizend finden mögen, sorgen sie bei den Jüngeren für Bedenken – was, wenn die Person, in die man sich verguckt hat, zur Verwandtschaft gehört? Um dieses Problem aus der Welt zu schaffen, wurde eine App entwickelt, die es einem ermöglicht, die Fakten zu prüfen. Vermarktet als „Inzestverhinderer" heißt es im Volksmund eher: „Erst mit der App prüfen, dann ins Bett hüpfen."

>> **Isländer sind beeindruckt von Juristen und Ärzten und sie lieben ihre Philosophen geradezu.**

Eine weitere Klasse baut auf Bildung auf und somit wird „ungebildet" zu einem zunehmend abfälligen Ausdruck. Was seltsam ist, denn die Isländer fühlen gleichzeitig einen ständigen Argwohn gegenüber Bildung. Insbesondere nützliche Fächer wie Naturwissenschaften, Technik und Sprachen werden nicht so hoch geschätzt, dass man sie studieren würde. Andererseits sind sie beeindruckt von Juristen und Ärzten und sie lieben ihre Philosophen geradezu. Ein armer Philosoph steht auf einer höheren Gesellschaftsstufe als ein Techniker oder guter Installateur, was dazu führt, dass manchmal weder isländische Theorien noch isländische Leitungen wasserdicht sind.

Die bedeutendste Klasse gründet sich allerdings auf Geld. Darin unterscheiden sich die Isländer nicht von anderen Ländern, aber sie haben den Enthusiasmus, mit dem sie glauben, dass die Reichen eine bessere Klasse sind, bis zum Äußersten getrieben. Die Reichen müssen besser sein – sie haben ein Haus im Ausland und ein großes Auto.

Die Isländer sind beeindruckt vom Reichtum anderer, aber sie sind auch neidisch darauf. Jedem Zurschaustellen von Reichtum begegnet die Öffentlichkeit mit Spott – was Missfallen von Prahlerei impliziert – doch begleitet von einem innerlichen Zähneknirschen. In Island macht man sein Geld am besten schnell, bevor irgendjemand mitkriegt, was man macht. Geld oder das Fehlen davon im Vergleich zu anderen bedingt großen Stress und es ist bemerkenswert, dass die Lebenserwartung noch immer steigt, statt wie ein Stein ins Bodenlose zu fallen.

> **❯❯ In Island macht man sein Geld am besten schnell, bevor irgendjemand mitkriegt, was man macht.**

Die isländische Haltung zum sozialen Status lässt sich beispielhaft anhand der folgenden Szene illustrieren: Eines frühen Morgens machten sich einige Fischer auf zum Strand, um einen Tag lang zu fischen. Während sie an einem Haus vorbeikamen, öffnete sich die Tür und eine Gruppe von Männern in Anzügen trat heraus. Ein Rechtsanwalt und ein Arzt, beide etwas schwankend auf den Beinen, trugen den regungslosen Körper des örtlichen Bürgermeisters, während ein Geistlicher den Hut des Bürgermeisters trug. Als sie die Seeleute sahen, schauten die Männer weg, nicht weil sie sich für sich selbst schämten, sondern weil in der isländischen Gesellschaft Experten auf einer höheren Stufe stehen und nie im Leben dabei erwischt werden wollen, dass sie sich mit rauen Seeleuten unterhalten. Darin zeigt sich genau die isländische Sichtweise, dass diejenigen an der Spitze der sozialen Pyramide zwar beneidenswert reich sind, aber ansonsten entweder bescheuert oder betrunken.

> **Diejenigen an der Spitze der sozialen Pyramide sind zwar beneidenswert reich, aber ansonsten entweder bescheuert oder betrunken.**

Vertrauen in das Schicksal

Wie in vielen Ländern werden die Isländer in Krisenzeiten sehr religiös. Ansonsten sind sie eine der am wenigsten religiösen Gesellschaften Europas. Der Fatalismus, hervorgebracht durch das Fischerleben und das harte Klima, führte in der Vergangenheit dazu, dass sie Leiden dem Willen Gottes zuschrieben. Heutzutage wurde Gott aus der Formel gestrichen, doch eine ähnliche Beweisführung lässt die Isländer annehmen, dass jeder schuld ist an seinen eigenen Problemen. Außer man selbst, natürlich.

Obsessionen

Die Politik, und im Besonderen das Versagen von Politikern, sind eine nationale Obsession. Doch die Hauptobsession ist:

Das Wetter

Isländer sagen gerne, dass es in Island kein richtiges Wetter gibt, sondern nur Stichproben vom Wetter. Sie behaupten auch, dass man, falls einem das Wetter nicht gefällt, nur fünf Minuten zu warten braucht und schon ändert es sich wieder. Damit meinen sie in Wirklichkeit, dass die Insel anfällig ist für

>> **Es kann vorkommen, dass man alle vier Jahreszeiten an einem Tag erlebt.**

schnelle Wechsel, da sie eingeklemmt ist zwischen der kalten arktischen Luft, die nach Süden strömt, und der warmen Luft des Golfstroms, die nach Norden fließt. Es kann vorkommen, dass man alle vier Jahreszeiten an einem Tag erlebt – wie schnell sie sich abwechseln, hängt dabei von der Windstärke ab. Da der Wind normalerweise stark weht, kann ein Tag, der mit Regen und dicken Wolken recht schlecht anfängt, am Mittag schön sein. Die Isländer wollen, dass die Besucher aus dieser Tatsache Trost schöpfen. Das Problem ist nur: Wenn das Wetter gut ist, braucht man auch nur fünf Minuten zu warten und schon ist es vorbei.

Island liegt nahe genug am Polarkreis, um im Juni und Juli mehrere Wochen zu erleben, in denen es nachts hell ist. Es ist auch nahe genug daran, um im Dezember und Januar einige Wochen zu erleben, in denen es kaum richtig hell wird.

Der Winter wird daher eher ausgehalten als genossen. Die Leute lieben den ersten Schnee, denn er ist ein Vorbote für weiße Weihnachten, aber im Februar haben sie genug davon und im April hängt er ihnen zum Hals raus. Der Frühling scheint nie zu kommen, und wenn er dann endlich da ist, scheint der Herbst schon vor der Tür zu stehen.

Die Städter misshandeln den Schnee. Er wird zur Seite geschaufelt, man streut Splitt darauf oder traktiert ihn sonstwie, bis er in dreckigen, düsteren Haufen an den Straßenecken und auf den Verkehrsinseln in der Mitte der Straße endet, wo er die Stiefel der Unaufmerksamen verschluckt, was eine Straßenüberquerung so riskant wie eine

> **Der Frühling scheint nie zu kommen, und wenn er dann endlich da ist, scheint der Herbst schon vor der Tür zu stehen.**

Polarexpedition macht. Doch wenn der Schnee besiegt scheint, die Tagestemperaturen steigen und die Schneehaufen schmelzen, fallen die Temperaturen bei Nacht wieder und der ganze nasse Matsch gefriert, so dass der Morgen eine Pantomime rutschender Fußgänger und schlitternder Autos mit sich bringt. Manchmal wiederholt sich diese Sequenz mehrere Wochen lang und am Ende sind alle gereizt und hegen beinahe Selbstmordgedanken.

Trends und Hightech

Die Isländer haben Stil. Sie ertragen ein Klima, das man am ehesten als erbärmlich beschreiben kann, aber sie lassen sich dadurch nicht davon abbringen, die schicksten Klamotten zu tragen. Wenn das offene Sandalen erfordert, dann werden sie diese eben tragen, sogar wenn der Schnee über einen Meter tief ist.

Das Stilbewusstsein bildet sich früh. Man warte vor einer beliebigen Schule und man erhält eine Vorführung der dem letzten Schrei entsprechenden Mode oder Mobiltelefone. Island hat die höchste Nutzungsdichte von Mobiltelefonen in Europa.

Die Leute wollen alle die neuesten Geräte und Gadgets haben. Dies hat ebenso viel mit einer Obsession für Technik und mit dem Mithalten mit den Magnussons von nebenan zu tun wie mit Stil. Wenn ein neues Fernsehermodell auf den Markt kommt, dann muss man es sich anschaffen (den alten Fernseher kann man ja ins Schlafzimmer oder in die Küche stellen). Dieser offenkundige Materialismus bedeutet, dass die meisten Isländer lieber in einem Schuhkarton leben würden, als ohne die letzten Hi-Fi- und Elektrogeräte oder Apps. Nahezu die gesamte Bevölkerung ist auf Facebook.

》Die Obsession für neue Technologien bedeutet, dass die Inneneinrichtung isländischer Häuser vom Feinsten ist.

Die Obsession für neue Technologien bedeutet, dass die Inneneinrichtung isländischer Häuser vom Feinsten ist. Aber im Gegensatz dazu sind die Elektro- und Rohrleitungen eine Katastrophe. Selbst die am besten ausgestatteten Häuser haben Lampenanschlüsse, die lose von der Decke hängen und einen tropfenden Wasserhahn.

Die Begeisterung der Isländer für die Inneneinrichtung überträgt sich nicht auf das Äußere. Das Klima ist rau. Pflanzen sterben sehr schnell, wenn sie nicht liebevoll versorgt werden – und dann sterben sie langsam. Das Gärtnern ist noch nicht so populär. Das Gartencenter ist eine Marotte aus Europa und Amerika, die erst spät importiert worden ist. Das Klima macht auch jeglichen Versuch, die Außenfassade von Gebäuden ordentlich zu halten, zunichte, sodass sogar die schicksten Hotels Außenmauern aus Beton haben, die so voller Flecken sind, dass sie aussehen wie ein abstraktes Gemälde. Die Häuser sind bedeckt mit Wellblechdächern, die regelmäßig gestrichen werden, damit sie nicht rosten und Löcher bekommen. Leuchtende Farben sind billiger als Pastelltöne, also werden die leuchtendsten und billigsten verwendet. Die farbenfrohen Städte und Dörfer machen den Eindruck, als seien sie von Grundschulkindern entworfen worden.

>> **Das Klima ist rau. Pflanzen sterben sehr schnell, wenn sie nicht liebevoll versorgt werden – und dann sterben sie langsam.**

Dieses Fixiertsein auf die Moderne ist teilweise auch eine Zurückweisung der isländischen Vergangenheit und nicht alle halten das für eine gute Entwicklung. Während eines Sturms an der Ostküste, als ein starker Wind eine Reihe von Grillgeräten in die Luft wirbelte und aufs Meer hinaustrug, brachte dies einen Kommentator dazu, ein bekanntes Sprichwort für schlechtes Wetter – *„Það rignir eldi og eimyrju"* (Es regnet Feuer und Eisen) – in den Sagas ein Verweis auf die Hitze des Gefechts – umzuformulieren zu: „Es regnet Feuer und Grills"; ein bissiger Kommentar dazu, wie weit die Vorstadtkultur im Land Einzug gehalten hat.

Stil ist teuer, doch da er wesentlich zum Lebensstil gehört, leben die Isländer von ihren Kreditkarten und auf Pump. Nach ihren Autos und ihren Elektrogeräten ist die Einstufung ihrer Kreditwürdigkeit das, was den Isländern am meisten am Herzen liegt. Kreditkarten werden in allen Hotels und Geschäften bis hin zum kleinsten Kiosk akzeptiert. Tatsächlich gehen die Leute davon aus, dass man nicht kreditwürdig ist, wenn man etwa eine Tube Zahnpasta kaufen möchte und der Verkäuferin Bargeld anbietet. Die Verkäufer tauschen sich hierüber untereinander aus und so wird man weiterhin von ihnen im Auge behalten. Schließlich könnte man, wenn man so tief gesunken ist, dass man Bargeld verwenden muss, ein Ladendieb sein.

>> **Wenn man so tief gesunken ist, dass man Bargeld verwenden muss, könnte man ein Ladendieb sein.**

Heutzutage sind die Dinge nicht mehr so schwarz-weiß. Direkt nach der Finanzkrise sah man riesige, teure Allrad-Autos mit Schildern, auf denen stand, dass der Besitzer das Auto gerne jedem überlassen würde, der die Kreditraten übernähme. Aber die Isländer sind von Natur aus optimistisch. Naturkatastrophen zu überleben ist Teil des Lebens. Die globale Krise wird inzwischen als unglücklich erzwungene Ruhepause vor dem nächsten Kreditboom gesehen und die Autoverkäufe erholen sich bereits wieder.

Verhalten

Der typische Isländer ist ruhig und zurückhaltend im Beisein von Fremden. Bei einer Besprechung ist er derjenige, der nichts sagt und erstaunt ist über die Leute, die Fragen stellen. Besonderes Erstaunen gilt Leuten wie den Amerikanern, die imstande sind eine Stunde lang über ein bestimmtes Thema zu reden – oder zwei, wenn sie tatsächlich etwas von dem Thema

» Der typische Isländer ist ruhig und zurückhaltend im Beisein von Fremden.

verstehen. Im Gegensatz dazu fällt es den Isländern schwer, fünf Minuten zu füllen, selbst wenn sie eine weltweite Autorität auf diesem Gebiet sind.

Um den typischen Isländer zu treffen, geht man am besten ins *Café Prikið* in Reykjavík. Hierher kommen isländische Männer zu früher Stunde, lange bevor die Geschäfte geöffnet haben, um Kaffee zu trinken. Sie sitzen dort gehüllt in düsteres Schweigen, ihre Nasen tief in Zeitungen gesteckt. Sollte jemand auch nur einen Laut äußern, wird er die tadelnden Blicke auf sich ziehen, die sonst nur für diejenigen reserviert sind, die in einer Bibliothek niesen. In einer Ecke sitzt ein alter Mann mit einer Sherlock-Holmes-Mütze und einem steifen Schnauzbart. Er liest *Morgunblaðið*, die nationale Tageszeitung, und schlürft mit argwöhnischer Miene seinen Kaffee. Bleibt man den ganzen Tag, wird man nicht erleben, dass er weggeht. Aber wenn man kurz seinen Blick abwendet und dann wieder hinschaut, wird man feststellen, dass er durch einen anderen, fast identischen Mann ersetzt wurde.

Die Zurückhaltung in der Öffentlichkeit hat keine Entsprechung in einer Zaghaftigkeit im Privaten. Bei Gesprächen unter vier Augen ist der Isländer redselig und sein hohes Selbstwertgefühl ist stärker als seine Scheu. Er geht davon aus, dass man seine Meinung zu allem und jedem hören möchte.

>> **Bei Gesprächen unter vier Augen ist der Isländer redselig.**

Die Tatsache, dass das, was er sagt, nichts mit Ihren Lebensumständen oder der vorliegenden Sache zu tun hat, wird ihn nur wenig stören. Er ist ein Isländer, Sie sind das Publikum (wie klein auch immer), also kriegen Sie seine Meinung zu hören. Größtenteils werden seine Meinungen lohnenswert und interessant sein. Sind sie das allerdings nicht, dann kann man sich auf etwas gefasst machen, denn wenn ein Isländer langweilig ist, dann ist er tatsächlich unbeschreiblich langweilig.

Familienbande

Isländer haben einen ausgeprägten Familiensinn. Kinder helfen im Haushalt mit und trotz größeren Wohlstands und Satellitenfernsehen gibt es bemerkenswerterweise nicht die Konflikte mit Teenagern, mit denen andere europäische Länder zu kämpfen haben. Vielleicht liegt es daran, dass das Familienleben weniger hektisch ist. Die Schule dauert nicht so lange wie im Rest von Europa, so dass mehr Zeit für andere Aktivitäten übrig bleibt. Alternativ könnte es aber auch sein, dass eine andere alte Bauerntradition weiterlebt, die besagt, dass die Kinder in Ruhe gelassen werden, solange sie sich etwas besser benehmen als die Schafe.

Da allerdings mehr und mehr Mütter arbeiten gehen müssen (oder wollen), haben Kinder, die niemals beaufsichtigt oder gemaßregelt wurden, jetzt die Gelegenheit, beliebig umherzustreifen, manchmal zum Ärger Anderer. Trotzdem gehört es zweifellos zu den schönen Seiten der isländischen Gesellschaft, dass man keine Angst zu haben braucht, den Kindern könnte etwas passieren. Isländer halten Gesellschaften, in denen Kinder nicht draußen spielen können, weil man Angst haben muss, sie könnten belästigt werden, tatsächlich für sehr krank.

Es gibt jedoch eine Tradition, die die Isländer in Konflikt mit dem Rest Europas bringt. In Island lassen Mütter ihre Säuglinge ab dem Alter von drei Monaten auf dem Balkon der eigenen Wohnung ein Nickerchen machen, auch im Winter. Man hält die frische, kalte Luft für gesund, was durch die allgemeine

>> In Island lassen Mütter ihre Säuglinge ab dem Alter von drei Monaten auf dem Balkon der eigenen Wohnung ein Nickerchen machen, auch im Winter.

Gesundheit der Bevölkerung bewiesen wird. Doch wurde eine isländische Mutter, die diese Tradition in Deutschland weiterführte, wegen Misshandlung bei der Polizei angezeigt. Dasselbe ist auch in Schweden passiert. Isländer sind darüber verdutzt: Ganz sicher gibt es schlimmere Dinge, die man einem Kind antun könnte, als sein Wohlbefinden zu verbessern.

Obwohl der Trend nun dahin geht, dass alte Menschen in spezielle Heime ziehen, war es recht normal, dass die Eltern bei ihren Kindern einzogen, wenn das Alter das Leben schwierig für sie machte. Es war nicht unüblich, dass ein Vater zwei oder drei Tage nach der Beerdigung seiner Frau bei seiner Tochter vor der Tür stand. „Also," hätte er gesagt, „da bin ich. Wo soll ich schlafen?"

Sex unkomplex

Es wird behauptet, dass dort, wo vor vielen Jahren ausländische Trawler in Island anlegten, es heutzutage eine Reihe dunkelhaariger, duneläugiger Kinder gibt. Ein Ort in den Ostfjorden bekam als Folge davon sogar den Spitznamen Kongo. Dies deutet darauf hin, dass die Einstellung der Isländer

>> **Der isländische Mann hat sich nie die Mühe gemacht, Flirtstrategien zu entwickeln.**

zu Sex immer recht freizügig war, wobei Sex eher als eine vergnügliche Beschäftigung gesehen wurde, der man sich öfter hingab, und nicht als etwas, das man nur machte, wenn das Licht aus war. Daran hat sich nichts geändert.

Die freizügige Einstellung bedeutet, dass der isländische Mann sich nie die Mühe gemacht hat, Flirtstrategien zu entwickeln. Ein direktes „ja" oder „nein" ist die einzige Konversation, die es braucht, bevor es zur Sache geht. Während im Rest Europas die Einladung, auf eine Tasse Kaffee hereinzukommen, als ein Schritt auf dem Weg ins Bett (oder auch nicht) angesehen wird, wird der Kaffee in Island hinterher serviert, als eine Belohnung für geleistete Dienste. Infolgedessen lieben isländische Frauen ausländische Männer, die die halbe Nacht darauf verwenden, sie herumzukriegen, bevor sie zur Hauptsache übergehen.

Als in Island Jóhanna Sigurðardóttir zur Interimspremier-ministerin ernannt wurde, interessierten sich die internationalen Medien überhaupt nicht für ihre Politik, sondern einzig für die Tatsache, dass sie offen lesbisch war, als erste in einer solchen Position in der modernen Welt. Die Isländer fanden das die am wenigsten interessante Tatsache an ihr. Island entkriminalisierte Homosexualität bereits 1940. Für die Isländer war es am interessantesten, dass zum ersten Mal in ihrer Geschichte die Regierung aus der gleichen Anzahl Frauen und Männer zusammengesetzt war.

> **Die örtliche Haltung zum Thema Sex wird versinnbildlicht durch das Isländische Phallusmuseum.**

Die örtliche Haltung zum Thema Sex wird versinnbildlicht durch das Isländische Phallusmuseum, in dem 280 Penisse, einschließlich der Penisse eines Eisbären, einer Giraffe, eines Elefanten und eines Wals, zusammen mit zugehörigen Körperteilen ausgestellt werden. Ein jüngst hinzugefügtes Stück ist das Vermächtnis eines älteren, isländischen Bauern. Drei weitere Homo-Sapiens-Exemplare sind der Sammlung versprochen – von einem Deutschen, einem Briten und einem Amerikaner (einschließlich eines Tattoos der amerikanischen Flagge).

Pünktlich ist immer

Mit Instinkten, die seit Urzeiten an die Launen von Wind und See angepasst sind, sind die Isländer notorisch unpünktlich. Ihre Partner im Europäischen Wirtschaftsraum betrachten dies inzwischen als einen Witz: Wenn ein Treffen für 9 Uhr geplant ist, kommen die Deutschen um Punkt 9 Uhr, die Niederländer um 8.40 Uhr, aber die Isländer, wann immer es ihnen in den Kram passt.

Drängeln beim Einkaufen

Samstagmorgens findet ein Markt in Reykjavíks Zollhaus statt. An den Marktständen wird alles von Motorradersatzteilen über Waschmaschinen bis zu den neuesten PCs verkauft. Krempel und Secondhand-CDs sind die beliebtesten Artikel. Die Isländer kommen in Scharen, nicht nur wegen der angebotenen Schnäppchen, sondern auch, weil dies eine Gelegenheit ist, das Schlangestehen zu vermeiden und zu drängeln und zu schreien. Außerdem kann man alles, was angeboten wird, anfassen, worauf alle seltsam versessen sind.

》 Besuchern, die zum ersten Mal in Island sind, mag man vergeben, dass sie denken könnten, alle Verkäuferinnen würden Hilda heißen.

Geschäfte öffnen um 10 Uhr vormittags. Besucher, die an einem Freitag in Island ankommen, gehen davon aus, dass das so ist, weil Freitagnacht bis zum Samstagmorgen dauert, wenn die letzten Nachtschwärmer nach Hause gehen. In Wirklichkeit öffnen die Geschäfte täglich um 10 Uhr, damit diejenigen, die nicht arbeiten, einen gemächlichen Start in den Tag haben.

Besuchern, die zum ersten Mal in Island sind, mag man vergeben, dass sie denken könnten, alle Verkäuferinnen würden Hilda heißen, weil das anscheinend alle Isländer rufen, wenn sie in einem Geschäft sind. Tatsächlich rufen sie

„*Heyrðu*" („Hör mal") womit „hier" oder „Ich bin der Nächste" ausgedrückt wird. Isländer sind die freundlichsten, fürsorglichsten Menschen, die man sich nur wünschen kann. Aber in einem vollen Laden sollte man nicht zwischen einen Isländer und die Ladentheke geraten. Er wird Hinweisschilder, die für Toleranz an öffentlichen Orten werben, zugunsten des Ellenbogens ignorieren. Zum

>> **In einem vollen Laden sollte man nicht zwischen einen Isländer und die Ladentheke geraten.**

Einkaufen gehört zunächst die Auswahl des Artikels und dann, dass man sich im Gedränge an der Ladentheke nach vorne schiebt und drückt, während man die ganze Zeit „*Heyrðu*" ruft. Einem Isländer ist die Vorstellung, in der Schlange zu warten, beziehungsweise die Warteschlange selbst, ein Dorn im Auge. In den staatlichen Alkoholläden, besonders an Freitagabenden, zeigt er sich von seiner schlechtesten Seite. Im Supermarkt wird er verdrossen in einer Reihe warten, bis er an der Kasse an der Reihe ist, aber nur, weil die Kassen so gebaut sind, dass nur für eine Person Platz ist.

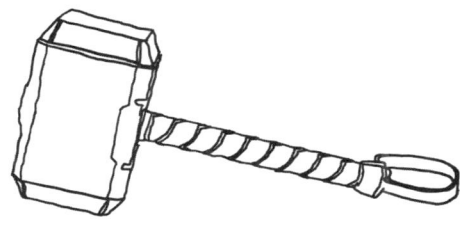

Manieren & Etikette

Begrüßungen

Isländer fühlen sich nicht gebunden an die Konventionen einer höflichen Gesellschaft. Sie halten sich nicht mit Formalitäten auf wie „Guten Morgen. Wie geht es Ihnen?"

Ihre Städte sind kaum größer als Dörfer und wie in allen Dörfern kennen sich die meisten Einwohner entweder aus der Schule, durch die Arbeit oder – der nationalen Datenbank zufolge – als „Onkel". Die Einkäufe an einem ruhigen Morgen können zu einer epischen Reise durch die eigene Vergangenheit werden. Kurz zu stoppen, um „Hallo" zu sagen, kann eine kurze Fahrt in eine Reise verwandeln, für die man drei Tage freinehmen muss.

> **>> Kurz zu stoppen, um „Hallo" zu sagen, kann eine kurze Fahrt in eine Reise verwandeln, für die man drei Tage freinehmen muss.**

Um den Zeitverlust einzudämmen, entziehen sich viele Isländer den üblichen Konventionen. Doch für diejenigen, die nicht ihre Köpfe senken und die Vorbeigehenden ignorieren, bestehen ausgeklügelte Umgangsregeln. Auf ehemalige Klassenkameraden, die man mehrere Jahre nicht gesehen hat, reagiert man nicht, außer wenn es enge Freunde waren, die weggezogen sind; ein Winken reicht bei Arbeitskollegen; für Leute, die man öfter sieht, wird der normale Handschlag benutzt. Für entfernte Verwandte sind ein Handschlag – freundlich, aber nicht zu herzlich – und die Nachfrage, wie es der alten Tante geht, genug, allerdings kann eine Umarmung nötig sein, wenn diese reich sind. Eine Umarmung und ein Kaffee sind noch besser, wenn sie sowohl reich als auch alt sind.

Die Isländer waren ein viel berührungsfreudigeres Volk, wobei das Küssen von Freunden und Familienmitgliedern die Norm war, doch nach und nach empfand man dies als zu intim und hörte damit auf. Allerdings kommt der französische Brauch, auf beide Wangen einen Kuss anzudeuten in Mode, was der Freude an Berührungen zu einem neuen Aufschwung verholfen hat.

Freizeit & Vergnügen

Das größte Vergnügen, das Isländer haben können, ist Geld auszugeben, vor allem, wenn sie keines haben. Glücksspiele dagegen reizen sie nicht wirklich. Zum Glück, denn außer der staatlichen Lotterie ist Glücksspiel nur durch karitative Einrichtungen und die Universität erlaubt. Allerdings gibt es viele andere Dinge, für die man sein Geld ausgeben kann.

> **》Das größte Vergnügen, das Isländer haben können, ist Geld auszugeben, vor allem, wenn sie keines haben.**

Ein Platz in der Sonne

Dank der Tatsache, dass ein Bad im Meer in Island in Sekunden zu Unterkühlung und ein Sonnenbad eher zu einem Hektar Gänsehaut als zu gebräunter Haut führt, träumen die Isländer von Ferien in Spanien und Florida. Ins Ausland zu reisen war lange Zeit so schwierig, dass es nach wie vor einen großen Reiz ausübt.

Eine Hütte zum Beeindrucken

Alle isländischen Stadtbewohner besitzen Holzhütten irgendwo, wo sich Fuchs und Hase gute Nacht sagen, etwa zwei Autostunden außerhalb der Stadt. Ihre Vorstellung ist, diese im Frühling und Sommer zu nutzen, um den Härten des Stadtlebens zu entkommen, die eigenen isländischen Wurzeln wiederzuentdecken und eins zu sein mit der Natur. Da die isländischen Städter aber genau aus dem Grund in Städten wohnen, um die Härten des Landlebens zu vermeiden, die

》 Es ist ein Mythos, dass der Isländer ein sportlicher Outdoor-Mensch ist, der sein Land für eine zerfurchte Arena für Aktivitäten hält, die riesige Stiefel und einen Bart erfordern.

ihre Großväter und Väter gequält haben, werden die Hütten kaum besucht. Sie werden nur behalten, um die Nachbarn zu beeindrucken.

Wintersport

Es ist ein Mythos, dass der Isländer ein sportlicher Outdoor-Mensch ist, der sein Land für eine zerfurchte Arena für Aktivitäten hält, die riesige Stiefel und einen Bart erfordern. Wenn die Snow-Scooter- und Gletscherfahrtenfans nach Hause gegangen sind, sind die wenigen Ausdauernden, die übrig bleiben, ausländische Skifahrer. Die meisten Isländer bleiben im Winter drinnen und spähen unruhig jeden Morgen aus dem Fenster, um nachzusehen, ob der Frühling schon angekommen ist. Oder sie machen das einzig Vernünftige und gehen nach Spanien.

Sommersport

Die Isländer probieren alles aus, was ihnen unterkommt. Je neuer die Sportart, desto mehr werden sie sie lieben, und wenn sie eine riesige, teure Ausrüstung erfordert, dann werden sie sie noch mehr lieben. Sport für Kinder ist gut organisiert und einzelne Sportler sind weit gekommen. Einige Isländer spielen als Profifußballer in Deutschland, Skandinavien und Großbritannien. Im Teamsport kommt Island so weit, wie man es von einer mittelgroßen Stadt im Weltvergleich erwarten kann, doch beim Handball gehören sie zur Spitze.

>> **Die meisten Isländer bleiben im Winter drinnen und spähen unruhig jeden Morgen aus dem Fenster, um nachzusehen, ob der Frühling schon angekommen ist.**

Der Nationalsport ist *glíma*, eine Art Ringkampf. *Glíma* gibt es nur in Island, aber es gleicht dem Ringkampf, der in West-Samoa praktiziert wird. Bisher wurde keine eindeutige Verbindung hergestellt, und es wäre ja auch ein langer Weg bis zum Übungsraum. Der Sport ist sehr alt und beinhaltet das Tragen eines traditionellen Gürtels und jede Menge Hin- und Herparadieren, bevor das Ganze startet.

Golf ist mit mehr als 60 Plätzen und Klubs die am schnellsten wachsende Sportart im Land. Islands Lage hilft denen, die keine Spielzeit buchen konnten. Im Sommer kann man die ganze Nacht wie auch den ganzen Tag über spielen und tut dies auch.

Autoverrückt

Die Isländer sind immer unterwegs, bringen die Kinder irgendwohin, gehen einkaufen, holen die Kinder wieder ab, gehen schwimmen. Reykjavík hat anscheinend die doppelte Anzahl von Fahrzeugen, die eine Stadt dieser Größe normalerweise hat, denn Isländer machen alles mit dem Auto.

Sie fahren in einem derartigen Ausmaß, dass Autofahren als Freizeitaktivität angesehen werden kann. Junge Isländer vermischen dieses zweifelhafte Vergnügen mit dem Genuss von Coca-Cola, eine Hand auf dem Lenkrad, die andere in der Luft mit einer Dose oder Flasche.

》Autofahren kann als Freizeitaktivität angesehen werden.

Sie fahren endlos lange in der Stadt herum, eine Praxis, die so gebräuchlich geworden ist, dass man ihr einen Namen gegeben hat – die *rúntur,* wörtlich Rundtour. Als die *rúntur* in Reykjavík aus der Mode kam, zog sie um nach Akureyri. Obwohl die Stadt weiter im Norden liegt, tragen die meistens männlichen Fahrgäste des Wagens üblicherweise Kleidung, die für kalifornische Strände geeignet ist. Dann drehen sie die Heizung auf den höchsten Stand, um die isländischen Temperaturen auszugleichen.

Isländer fahren den ganzen Winter über, denn trotz seines Namens (*ís* = Eis) sind nur 11 % Islands von ständigen Gletschern bedeckt und die Winter sind nur im abgelegenen Zentrum des Landes hart. Niemand könnte im lebensfeindlichen Landesinneren wohnen, einer Landschaft, die dem Mond so ähnlich ist, dass die NASA ihre Astronauten dorthin brachte, um für die erste Mondlandung zu trainieren.

Alle wohnen an der Küste, wo die Temperaturen eher selten lange unter den Gefrierpunkt fallen, und Schneefälle, obwohl diese regelmäßig vorkommen, eher ein Ärgernis sind als eine Gefahr. Die meisten Fahrer haben als Vorsichtsmaßnahme einen Spaten im Kofferraum liegen, und wenn sie keinen Allradantrieb haben, haben sie Spikes auf den Reifen, die zwar nicht vorgeschrieben, aber absolut notwendig sind.

Fahrzeuge mit Allradantrieb sind eine moderne Erfindung, also müssen alle Isländer eines haben, weshalb die Straßen von diesen Ungetümen bevölkert werden, extra ausgestattet mit riesigen Reifen, die über das Dach jedes gewöhnlichen Autos,

》Im Sommer kurven die Isländer mit ihren Wohnmobilen durch das ganze Land.

das blöd genug ist, im Weg zu stehen, zu fahren drohen – wie direkt aus dem Film Terminator 2 entsprungen.

Im Sommer kurven die Isländer mit ihren Wohnmobilen durch das ganze Land, einfach nur, damit sie sie an einer einsamen Stelle ohne jeglichen Grund abstellen können. Die anderen Verkehrsteilnehmer werden in den Wahnsinn getrieben, weil die schwerfälligen Gefährte die ganze Straße einnehmen und nur sehr langsam fahren. Im Winter sieht man die Einwohner oft Pferde- oder sonstige riesige Anhänger hinter sich herziehen. Letztere transportieren Snowscooter, die eine ganze Reihe von Leuten gerne aus der Stadt zu (möglicherweise alle den gleichen) einsamen Orten befördern, wo sie sie mit viel Mühe ausladen, um dann eine Stunde oder auch länger ziellos herumzufahren – nur für den Nervenkitzel, Spuren im Schnee zu hinterlassen.

Für einige ist sogar das noch nicht aufregend genug, und deshalb gibt es auch diejenigen, die noch größere Räder und Reifen montieren und *offroad* fahren (obwohl sich dies mancherorts angesichts des Straßenzustands eigentlich erübrigt) und Schneefelder, Berge und Gletscher überwinden. Dass diese Art von Freizeitvergnügen ausgerechnet von einem Isländer erfunden wurde, dürfte zwei Gründe haben. Zum einen gäbe es in wenigen anderen Ländern Menschen, die verrückt

> **》》 Die Vernarrtheit in Hightech hört nicht beim Fahrzeug selbst auf.**

genug sind, sich so etwas auszudenken. Zum anderen ist es wohl Teil einer speziellen nordischen Geisteshaltung: Isländer fahren an Orte, die die meisten Menschen gar nicht besuchen wollen.

Die Vernarrtheit in Hightech hört nicht beim Fahrzeug selbst auf. Es wird mit Telefon und E-Mail, einem Fernseher und einem Funkgerät ausgestattet. Natürlich gibt es auch ein satellitengesteuertes Navigationssystem. Das ist besonders praktisch, wenn das Fahrzeug in eine Gletscherspalte fällt. Das System, das bis auf ein paar Meter genaue Angaben macht, wird den Insassen somit genau sagen können, wo sie gestorben sind.

Filme und Popcorn

Verglichen mit der Einwohnerzahl gibt es in den größeren isländischen Städten vier Mal mehr Kinos als in anderen Ländern. Die Isländer lieben das Kino, nicht nur wegen der Filme, die meist amerikanisch oder englisch sind und untertitelt statt synchronisiert werden. Die meisten folgen den Dialogen, nutzen aber die Untertitel als Hilfsmittel, was bedeutet, dass sie nicht jedes einzelne Wort verstehen müssen. Das ist vorteilhaft, denn ein anderer Grund, ins Kino zu gehen, ist es, riesige Mengen Popcorn zu vertilgen und enorme Fässer Coca-Cola zu trinken. Sobald der Film anfängt, beginnt auch der Lärm, der entsteht, wenn hunderte mampfende Kiefer Mais zermalmen und danach durch hunderte Strohhalme geschlürft wird.

Nach etwa 45 Minuten, genau in der Mitte einer spannenden Szene, wird der Film angehalten und das Licht geht an. Die Folgen des Trinkens werden jetzt deutlich: Das Publikum erhebt sich und die Scharen drängen hinaus. Zehn Minuten später erscheinen alle wieder, erneut ausgestattet mit großen Schachteln, und die ganze Prozedur beginnt von vorne.

> **» Ein Grund, ins Kino zu gehen, ist es, riesige Mengen Popcorn zu vertilgen.**

Feiern bis zum Morgengrauen

Die Isländer sind immer für Unterhaltung zu haben. Jahrhunderte, in denen sie sich während der langen Winternächte selbst in ihren Torfhäusern vergnügen mussten, führten dazu, dass sie ständig Gesellschaft suchen. Daher gibt es in den Städten jede Menge zu erleben und Orte, die man aufsuchen kann – Theater, Klubs für jede Musikrichtung, Diskos, Restaurants.

Für die überzeugten Trinker fängt das Wochenende am Freitagnachmittag zu Hause an – und zwar, weil es billiger ist, zu Hause zu trinken als in einer Bar. Normalerweise trinkt man also richtig viel zu Hause, und geht dann aus, um das Ganze in der Gesellschaft von ein paar gleichgesinnten Leuten zum Abschluss zu bringen.

Für den Rest der Bevölkerung beginnt das Wochenende um Mitternacht, kein Klub macht vor sechs Uhr morgens zu, dann ziehen alle weiter zu einer Party. Unter dänischer Herrschaft war das Tanzen verboten, da sie glaubten, dass die hohe Zahl illegitimer Geburten diesem Zeitvertreib zugeschrieben

>> **Unter dänischer Herrschaft war das Tanzen verboten, da sie glaubten, dass die hohe Zahl illegitimer Geburten diesem Zeitvertreib zugeschrieben werden konnte.**

werden konnte. Nachdem die Selbstverwaltung eingesetzt worden war, wurde dieses Verbot aufgehoben. Die Isländer, als intelligenteres Volk, hatten herausgefunden, dass das Tanzen nicht der Grund dafür war.

Vergnügungen wie in alten Zeiten

Ein bekanntes, altes isländisches Buch mit Spielen für die ganze Familie beschreibt ein Spiel, bei dem sich die Leute auf den Rücken legen, mit einer Münze auf der Nasenspitze und dann lachen über die Grimassen, die sie schneiden, während sie versuchen, die Münzen herunterzuschubsen ohne die Hände zu benutzen. Ein anderes Spiel ist ein Wettstreit zwischen zwei Gruppen mit jeweils vier Teilnehmern, die sich mit einem Löffel im Mund Eier weiterreichen. Auch hier ist es nicht erlaubt, die Hände zu benutzen, und die Eier sind echt. Kein Wunder, dass die Isländer froh waren, als das Fernsehen eingeführt wurde.

Werbung für kurzlebige Trends

Das amerikanische Fernsehen war schon zu einem frühen Zeitpunkt in der Geschichte des Rundfunks in Island verfügbar. Die breite Öffentlichkeit war angewidert von der Grobheit der Werbespots. Da sowieso keines der beworbenen Produkte in Island verkauft wurde, konnten sie ihren kulturellen Snobismus ausleben und häufig und ausführlich betonen, dass

》 Fernsehshows, in die die Isländer selbst einbezogen werden, sind beliebt.

sie ja viel zu intelligent seien, um von solch einem Quatsch geblendet zu werden. Als dann allerdings der einzige isländische Fernsehsender Werbespots schaltete, überschwemmte eine Firma den Markt mit Spots, um ein Fußmassagegerät zu verkaufen. Es war wohl so nutzlos wie überflüssig, doch am Ende der Kampagne hatten schätzungsweise 50 % der isländischen Haushalte eines und niemand hat es mehr als einmal benutzt.

Das Publikum ist etwas anspruchsvoller geworden, und eine der beliebtesten Shows wird von vier Männern mittleren Alters produziert, die jeden Samstag im Winter Szenen des isländischen Lebens in einer Mischung aus Comedy und politischer Satire nachspielen. Auch andere Shows, in die die Isländer selbst einbezogen werden, sind beliebt: Dank der geringen Bevölkerungszahl wird früher oder später fast jeder Isländer einmal in dieser Show auftreten. Warum sonst würden die Leute auch zuschauen?

Konversation & Gestik

Freude an Sticheleien

Ein berühmter isländischer Dichter nutzte vierzeilige Verse, um seine Zeitgenossen zu beleidigen. Die kurzen Zeilen waren humorvoll, aber scharf formuliert. Damit schuf der Dichter nicht etwa etwas Neues, sondern hauchte einer jahrhundertealten Tradition neues Leben ein. Selbst heute noch gibt es Zusammenkünfte, bei denen alle Anwesenden Vierzeiler erfinden und vortragen müssen, die mit Humor einen oder mehrere der anderen Gäste beleidigen.

> **》Selbst heute noch gibt es Zusammenkünfte, bei denen alle Anwesenden Vierzeiler erfinden und vortragen müssen, die mit Humor einen oder mehrere der anderen Gäste beleidigen.**

Das Wesen einer isländischen Unterhaltung ist die Beleidigung. Isländer werden mit einem Talent für diese geboren und nutzen sie mit Leichtigkeit von früher Kindheit an. Aufgrund ihrer Geschichte als Bauern und Fischer beinhalten die aufschlussreichsten Sticheleien Schafe und Fische. Es ist eine ernste Angelegenheit, jemanden als Schafs- oder Kabeljaukopf zu bezeichnen. (Tatsächlich wird ein Isländer stärker beleidigt sein durch die Andeutung, er sei ein Schaf, als durch die, dass sein Vater eine deutliche Vorliebe für Mutterschafe statt Frauen hatte.) Genauso wirksam ist die Andeutung, dass er *púkalegur* sei, was wörtlich bäurisch bedeutet. Es suggeriert, dass man faul, dumm und unkultiviert ist. All das mag im Einzelfall sogar stimmen, aber insgesamt kann man Faulheit doch kaum als nationalen Charakterzug ansehen.

In einer Unterhaltung sind die Isländer wunderbar frei von der englischen Gewohnheit, etwas anderes zu meinen als eigentlich gesagt wird. Wenn ein Thema einmal angeschnitten ist, können alle seine Aspekte offen und ehrlich untersucht werden – was allerdings nicht bedeutet, dass alle Gesprächsthemen erlaubt wären. Man frage niemals, was ein Isländer verdient und kritisiere unter keinen Umständen seine Fahrkünste.

Trotz der langen Tradition, Beleidigungen auszutauschen, gab es nie eine isländische Tradition, Gesten zu verwenden, ob nun beleidigende oder überhaupt irgendwelche. Also werden diese importiert. So haben sie beispielsweise das deutsche Sich-an-die-Stirn-tippen über-

>> **Die Isländer haben das deutsche Sich-an-die-Stirn-tippen übernommen, um Dummheit anzuzeigen.**

nommen, um Dummheit anzuzeigen. Das wird als wirklich beleidigend angesehen. Wenn ein Fahrer einem anderen Fahrer, der ihm in der Stadt den Weg abgeschnitten hat, einen Vogel zeigen will, wird er sich erst schnell vergewissern, dass sich nicht ein Stück voraus eine rote Ampel befindet, an der man sich kurz darauf wiederbegegnet.

Systeme

Eher Furchen als Straßen

Island ist groß. Es ist etwas größer als Irland, fast dreimal so groß wie Belgien und fast ein Drittel von Deutschland. Es dauert Tage, die Insel mit dem Auto zu umrunden.

Das liegt auch an der Tatsache, dass die Straßen durch das raue Klima bestenfalls in schlechtem Zustand und schlimmstenfalls in schrecklichem Zustand sind. Diejenigen, die nach Þingvellir, zum Ort des weltweit ältesten Parlaments, fahren, werden gute Straßen vorfinden, asphaltiert bis dorthin und ein Stückchen weiter. Þingvellir liegt in einem erhöhten Graskreis in

>> **Nicht selten versperrt ein Erdrutsch, hervorgerufen durch Sommerregen, Schnee im Winter oder vulkanische Aktivität die Straße.**

einem vulkanischen Bruchgraben und es ist eine fast zwingende Station auf der Reiseroute jedes isländischen Reiseveranstalters. Ein Großteil kommt nicht weiter als bis hierher oder bewegt sich auf einigen weiteren Hauptstrecken, also wissen sie nicht, dass nach der nächsten Ecke die Straße wieder zurückfällt auf den isländischen Standard – eine Schotterstraße, die oft verkommt zu einer Schotterpiste übersät mit Schlaglöchern. Eine Reise nimmt epische Ausmaße an, wenn man sich zwischen den Schlaglöchern durchschlängelt und verzweifelt auf ein Stück Straße hofft, das nicht so schlecht ist für die Verdauung.

Nicht selten versperrt ein Erdrutsch, hervorgerufen durch Sommerregen, Schnee im Winter oder vulkanische Aktivität die Straße. Die Isländer beeindruckt das wenig, sie holen einfach eine Dampfwalze, um den Erdhaufen platt zu drücken und darüber zu fahren. Infolgedessen liegt die Straße in manchen Gegenden mehrere Meter über dem umliegenden Land.

In regelmäßigen Abständen warnt ein eigenartiges Zeichen – *blindhæð* – davor, dass der nächste Abschnitt sorgfältig befahren werden sollte, da die Straße über einen unübersichtlichen Hügel führt. Ungeachtet der Tatsache, dass es in diesem wenig bevölkerten Land

> **》》 In dem wenig bevölkerten Land ist es möglich, einen ganzen Tag lang Auto zu fahren, ohne wirklich irgendwohin zu kommen.**

möglich ist, einen ganzen Tag lang Auto zu fahren, ohne wirklich irgendwohin zu kommen oder jemandem zu begegnen, wird so ein Hügel immer das eine Auto verdecken, das ausgerechnet jetzt aus der entgegengesetzten Richtung kommt.

Um Fußgängern, die schlecht sehen, an den Übergängen in Reykjavík zu helfen, begleitet ein tickendes Geräusch das grüne Ampelsignal. Das Geräusch ist fast nicht hörbar, aber wenn es jemand hört, geht er normalerweise davon aus, dass jemand aus dem verborgenen Volk in dem Gerät gefangen ist und klopft, um freigelassen zu werden. Wenn die Verwirrung vorbei ist, hat auch die Ampel wieder auf Rot geschaltet.

Öffentliche Verkehrsmittel

Island hat ausgezeichnete Luftverkehrsverbindungen. Keflavík ist wahrscheinlich der schönste internationale Flughafen der Welt und sicherlich der einzige, der auf einem Stück Land liegt, das vor tausend Jahren im Tausch für einen bestickten Mantel den Besitzer wechselte. Für Inlandsflüge wird der Betrieb am Flughafen in Reykjavík aufrechterhalten. Die Eintönigkeit langer Fahrten macht das Fliegen populär. Deshalb wird der Himmel über Island von fliegenden Isländern, die wie auf den Straßen hin- und herrasen, mit Mustern überzogen.

Das Bussystem ist genauso effizient. In ein paar Wochen kann man um das ganze Land reisen, zwischendurch stoppen, um Dinge zu besichtigen, und dann wieder in den Bus einsteigen. Es kann problematisch werden, wenn am Montagvormittag auf die Frage „Wann kommt der nächste Bus?" die Antwort „Mittwochnachmittag" lautet. Die Bushaltestellen sind nicht gut ausgerüstet für diejenigen, die sich dafür entscheiden, dort zu warten.

>> **Den Zug erreicht man nicht, denn es gibt keinen.**

Den Zug erreicht man allerdings auch nicht, denn es gibt keinen.

Energie aus der Natur

Obwohl sie keine Kohle- oder Ölvorkommen besitzen, sind die Isländer gesegnet mit Unmengen natürlicher Heißwasservorräte aus geothermalen Quellen, die dazu benutzt werden, 90 % des isländischen Strombedarfs auf billige Art und Weise und ohne Umweltverschmutzung zu decken. Dieses Wasser wird auch verwendet, um die Zentralheizungen in den Wohnhäusern zu versorgen, es wird gemessen und nach

Verbrauch bezahlt. Sogar das Abwasser, das noch immer recht heiß ist, wird durch Leitungen gepumpt, die unter dem Straßenpflaster verlegt werden, um im Winter Schnee und Eis zu schmelzen. Das System wird nicht durch die Gemeinden finanziert, das heißt, die einzelnen Haushalte müssen für die Verlegung der Rohre bezahlen. Deshalb kann es vorkommen, dass man eine Straße entlangläuft, an der man an einer Stelle über einen Schneeberg klettern muss, worauf ein sauberer, nasser Abschnitt folgt und danach ein gefährliches, vereistes Stück, an dem diese Rohre nicht verlegt sind, und dann ein weiterer Schneehaufen. Es lohnt sich auf jeden Fall, vorsichtig zu sein.

>> **Bis 2050 möchte Island seine Abhängigkeit vom Öl beendet haben.**

Bis 2050 möchte Island seine Abhängigkeit vom Öl beendet haben und ist der Welt in dieser Sache bereits einen Schritt voraus. Ein Versuch mit wasserstoffbetriebenen Fahrzeugen wird gerade durchgeführt, unter anderem mit Mietwagen und Bussen. Wasserstoff wird mit Wasser und Elektrizität erzeugt (was es in Island beides im Überfluss gibt). Dies würde der Wirtschaft sehr zugute kommen, da es extrem teuer ist, Öl nach Island zu verschiffen. Es gibt aber ein winziges Problem: Derzeit gibt es nur eine Wasserstofftankstelle, weshalb man nur rund 160 Kilometer weit fahren kann, bevor man wieder auffüllen muss. Man kann sich also recht sicher sein, dass es definitiv nicht möglich ist, sich am Sonntag zu einer Spritztour aufzumachen.

„Fernstudium"

Die staatliche Ausbildung (und das Gesundheitswesen) sind so gut, dass es keinen Grund für private Institutionen gibt. Offiziell beginnt die Ausbildung, wenn die Kinder sechs Jahre alt sind, doch gibt es genügend Kindergärten, die Kinder ab einem Alter von eineinhalb Jahren für einen halben oder ganzen Tag aufnehmen. Die Pflichtschulzeit dauert von 6 bis 16 Jahren, woran sich die Oberstufe bis zum Alter von 20 Jahren anschließt.

Zu diesem Zeitpunkt gehen die Jugendlichen entweder ins Ausland oder auf eine Universität. Es gibt zwei Universitäten in Reykjavík, eine in Akureyri sowie zwei agrarwissenschaftliche Fakultäten, jedoch besitzt Island nicht die Ressourcen, um alle Studiengänge abzudecken.

>> **Wenn man Architektur studieren oder sich in Medizin spezialisieren will, muss man ins Ausland gehen.**

Wenn man also Architektur studieren oder sich in Medizin spezialisieren will, muss man ins Ausland gehen, was eine erstaunliche Zahl von Studenten tatsächlich tut.

Die Reisen ins Ausland haben Vor- und Nachteile. Einerseits kann zurückkehrenden Studenten ihr Heimatland als mit einigen Mängeln behaftet, klein und provinziell vorkommen. Andererseits bringen die zurückgekehrten Studenten ein kosmopolitisches Element nach Island. Zwei Studenten aus Amerika, die zusammen das gleiche Fach in Europa studiert haben, können wieder nach Hause zurückgekehrt 3000 Meilen voneinander entfernt leben, ohne sich jemals wiederzusehen oder noch einmal voneinander zu hören. Aber zwei

Isländer in derselben Situation wohnen wahrscheinlich in benachbarten Straßen und treffen sich im Supermarkt.

Rettungsdienste

Es gibt eine effektive Küstenwacht, die mehr oder weniger als Armee, Marine und Luftwaffe dient. Während der Kabeljaukriege war ein Schiff der Küstenwache, das an der Vorderseite eine antike Kanone montiert hatte, der Britischen Königlichen Marine ein ebenbürtiger Gegner.

Da es im isländischen Winter anscheinend keine Brände gibt, verbringen die Feuerwehrleute ihre Zeit damit, für Einsparungen im Gesundheitssektor zu sorgen, indem sie Eiszapfen von der Größe von Damoklesschwertern entfernen, die drohend an den Regenrinnen hoher Gebäude hängen.

Im Sommer müssen die Feuerwehrleute mit ein paar Feuern kämpfen. Sie können ihre Zeit nicht mit dem Retten von Katzen aus Bäumen füllen, weil es keine Bäume gibt, in denen die Vierbeiner steckenbleiben könnten.

> **»** **Feuerwehrleute können ihre Zeit nicht mit dem Retten von Katzen aus Bäumen füllen, weil es keine Bäume gibt.**

Gesetz & Ordnung

Die Polizei, bekannt als *löggan,* eine Abkürzung für die isländische Bezeichnung „Gesetzesdiener", ist beliebt. Kleine Jungs wollen Polizist werden, wenn sie groß sind, aber das könnte auch damit zusammenhängen, dass sie nicht Lokführer werden können.

Die Polizei jagt Temposünder und alle Polizeiautos sind mit Radar-Geschwindigkeitspistolen ausgestattet. Besonders gerne erwischt sie betrunkene Fahrer. Der kleinste Verdacht auf Alkohol im Blut eines Fahrers und dieser steckt ganz schön in der Tinte.

Die meisten Verbrechen geschehen unter Alkoholeinfluss, da die Isländer aggressiv werden, wenn sie zu viel getrunken haben. Das Einschlagen von Fensterscheiben ist beliebt, besonders bei den isländischen Glasern, wie ein Spaziergang in der Innenstadt am Sonntagmorgen zeigt. Manchmal führt eine Schlägerei unter Betrunkenen zum Tod und es wird jemand wegen Totschlags angeklagt. Mord ist unüblich. Morde geschehen tatsächlich so selten, dass ein Fall im Norden des Landes aus dem frühen 19. Jahrhundert noch immer Kontroversen auslöst. Als 1990 ein weiterer Mord geschah, holten die *löggan* sich die Hilfe eines Kriminalbeamten aus Hamburg, da man sich der Sache nicht gewachsen sah. Ganz im Sinne der Fähigkeit der Isländer, aus praktisch jeder Situation Gewinn zu schlagen, hat die schuldige Partei die Zeit in Haft genutzt, um einen Bestseller über das Lachsfischen zu schreiben.

Das einzig wirkliche Wirtschaftsverbrechen ist Steuerhinterziehung, die den Staat jedes Jahr Millionen kostet, was den meisten Isländern jedoch nichts ausmacht, da man den Staat als dankbares Opfer betrachtet. Wird jemand erwischt, empfindet man das eher als Pech denn als Gerechtigkeit – viel-

> **➤➤ Morde geschehen so selten, dass ein Fall im Norden des Landes aus dem frühen 19. Jahrhundert noch immer Kontroversen auslöst.**

leicht mit einer Ausnahme bei den Direktoren von drei Öl-konzernen, die sich jeden Monat trafen, um den Markt unter sich aufzuteilen. Sie hatten nicht mitbekommen – oder die Be-deutung dessen unterschätzt –, dass die Marktaufsicht mittler-weile dem Europäischen Wirt-schaftsraum übertragen worden war und wurden folglich wegen Verletzung der Wettbewerbsregeln angeklagt.

>> **Das einzig wirkliche Wirt-schaftsverbrechen ist Steuer-hinterziehung, die den Staat jedes Jahr Millionen kostet.**

Sinn für Humor

Ein Mann holte das Schleppnetz auf einem Fischkutter ein, als es heftig am Netz zog und ein Seil ihm zwei Finger ab-riss. Entsetzt rannte der Mann auf die Brücke, um dies dem Kapitän zu zeigen. „Sieh her", schrie er, während er die Hand hochhielt, um die beiden blutenden Stümpfe zu zei-gen. „Ich habe zwei Finger verloren." Der Kapitän musterte ihn einen Moment lang und meinte dann: „aber nicht hier drinnen".

Eine romantische, junge Frau aus Reykjavík unterhielt sich mit einem Bauern und war entsetzt über dessen Einstel-lung zu seinem Land, das er nur als Arbeitsstätte betrach-tete. „Wie bitte?", fragte sie. „Haben Sie nie gesehen, wie die Sonne in Feuerfarben leuchtend untergeht, als stehe die ganze Welt in Flammen? Haben Sie nie gesehen, wie der

Mond vor dunklen und bedrohlichen Regenwolken flieht wie ein verängstigter Flüchtling? Haben Sie niemals gesehen, wie der Nebel von den Hängen eines Berges herunterkriecht wie tausend Geister, die ihre Hände bewegen?" „Doch habe ich", sagte der Bauer, „aber es ist schon eine ganze Weile her, seit ich das Trinken aufgegeben habe."

Dies sind insofern ungewöhnliche isländische Witze, weil jeder über sie lachen kann. Der normale isländische Humor ist gewöhnungsbedürftig und etwas, das für Außenstehende normalerweise nicht gleich zugänglich ist. Tatsächlich wird schon lange behauptet, die Isländer hätten überhaupt keinen Sinn für Humor. Ein grimmiger

>> **Es wird schon lange behauptet, die Isländer hätten überhaupt keinen Sinn für Humor.**

Gesichtsausdruck ist die Norm (da man dem Winterwind trotzen muss), ein Lächeln ist eher selten. Aber sie haben ihren eigenen Humor. Dabei geht es um eigenartige Leute in verrückten Situationen, mit einer besonderen Vorliebe für das Surreale:

Ein Mann war im unzivilisierten Teil Islands unterwegs, als plötzlich sein Auto stehenblieb. Er wusste nicht viel über Autos, öffnete aber doch mal die Motorhaube, um sich den Motor anzuschauen. Frustriert schüttelte er den Kopf, als er eine Stimme neben sich sagen hörte: „Es ist der Vergaser." Als er sich umdrehte, schaute er direkt auf ein Pferd. Voller Angst floh er und rannte über die Kuppe eines nahegelegenen Hügels. Unten sah er einen Hof und er eilte weiter dorthin. Er klopfte an die Tür und der Bauer ließ ihn ein. Die Geschichte sprudelte aus dem Mann heraus, während der Bauer ungerührt zuhörte. Als er fertig war, fragte der Bauer: „Welche Farbe hatte das Pferd?" Der Mann, verblüfft über die Frage, antwortete „Braun". „Ah", sagte der Bauer, „hör nicht auf ihn. Dieses Pferd hat keine Ahnung von Autos."

Wie man es von einem Volk mit einer langen literarischen Tradition erwarten könnte, beruht der isländische Humor auch auf zahlreichen Wortspielen und Spontaneität. In diesem Sinne ähnelt er dem britischen Humor, wo Wortspiele und Buchstabendreher eine prominente Rolle spielen. Ein besonders schönes Beispiel ist der Name zweier Bauernhöfe im Süden des Landes. Aus Gründen, die heute niemand mehr nachvollziehen kann, wird einer davon „Grab" genannt. Der andere heißt „Am Rande des Grabes".

»Der isländische Humor beruht auf zahlreichen Wortspielen und Spontaneität.

Oft ist der Humor wohlmeinend. Auf den Westmännerinseln, vor der Südküste Islands, lebte eine Mann namens Guðjón. Als er um die zwanzig war, zog er dreimal nach Reykjavík um, doch es gelang ihm einfach nie, sich dort niederzulassen und er kehrte jedes Mal wieder nach Hause zurück. Seit dieser Zeit wurde er bis zu seinem Tod mit 81 Jahren liebevoll mit seinem Spitznamen gerufen, Guðjón *flækingur* (Guðjón, der Vagabund).

Isländer haben sich zwei Gruppen von Menschen ausgeguckt, die das Pech haben, zur Zielscheibe ihres bitteren Humors gemacht zu werden. Zum einen erzählen sie sich Witze über die übergesunden Norweger und deren Leidenschaft für Sport. Meistens aber frotzeln sie über die Bewohner von Hafnarfjörður, einer Stadt unweit von Reykjavík. In Hafnarfjörður schleichen die Einwohner an den Apotheken vorbei, um die Schlaftabletten nicht zu wecken; die Müllwagen fahren mit 100 Stundenkilometern, damit sie nicht ausgeraubt werden; die Kinder nehmen Leitern mit, wenn sie an der Hochschule beginnen und deren Eltern nehmen dieselben Leitern zum Einkaufen mit, wenn sie hören, dass

>> **Die Isländer erzählen sich Witze über die übergesunden Norweger und deren Leidenschaft für Sport.**

die Preise diese Woche schon wieder erhöht wurden. Der isländische Ausdruck dafür, dass die Gehsteige vereist sind, ist, dass sie mit „fliegendem Eis" bedeckt sind. Wenn fliegendes Eis vorhergesagt wird, dann sitzen die Hafnies (Einwohner von Hafnarfjörður) die ganze Nacht in der Kälte und starren in den Himmel, weil sie fürchten, ansonsten dieses seltsame Spektakel zu verpassen. Hafnies sind auch als *gaflarars* – von *gafl* (Giebel) – bekannt, weil es heißt, sie stünden den ganzen Tag unter dem Giebel ihrer Dächer und warteten darauf, dass irgendjemand um die Ecke komme für überflüssiges Geschwätz.

Der Ton der Witze ist so gehalten, dass auch die Hafnies selbst sie erzählen und sie im Gegenzug zu ihrem Vorteil nutzen. Eine Vereinigung der Freunde von Hafnarfjörður wurde gegründet, um die großen Geschichten (keine Leiter nötig) zu bewerben, und sie kommerziell zu nutzen. Und die besten Hafnie-Witze werden inzwischen von den Hafnies selbst erzählt.

Kultur

Die Sagas gehen weiter

Die großen isländischen Sagas wurden im 12., 13. und 14. Jahrhundert geschrieben und haben seitdem die isländische Kultur bereichert. Viele Leute fragen sich im Ernst, ob es Island ohne die Sagas gäbe, solch einen mächtigen Aufhänger bilden sie, an dem die Idee der Nation festgemacht werden kann. Die Isländer sind sehr froh darüber, dass ihre Wikingervorfahren damit Werke geschrieben haben, die keine Entsprechung in Dänemark, Norwegen oder Schweden haben. Es ist allerdings nur ein Gerücht, dass die heutigen Isländer die Originaltexte ohne Umschrift lesen könnten, so schwierig ist die gotische Schrift.

>> **Viele Leute fragen sich im Ernst, ob es Island ohne die Sagas gäbe.**

Als Folge der ständigen Neubewertung sind die Sagas heutzutage so lebendig wie zu der Zeit, als sie niedergeschrieben wurden. Bis in jüngster Zeit wurde täglich zur besten Sendezeit 15 Minuten lang aus den Sagas gelesen, worauf eine 15-minütige Diskussion zu den Themen folgte, die in diesem Abschnitt zur Sprache kamen. Man geht davon aus, dass dieses Programm jeden Tag wiederaufgenommen wird, so erfolgreich war es. Die Sagas sind von solch großer Wichtigkeit für die nationale Kultur, dass sie die Grundlage vieler moderner Geschichten bilden. Eine der besten ist die eines widerspenstigen Taxifahrers, der von vier Studenten auf dem Weg zu einem Festabend angehalten wurde. Im Bewusstsein der Tatsache, dass er der einzige Wagen im weiten Umkreis war, beschloss er zu überprüfen, ob sie seiner Dienste auch würdig wären. Er sagte, er würde sie nur mitnehmen, wenn sie die erste Zeile der Saga von Njáll richtig zitieren könnten. Einer der Studenten konnte es tatsächlich, und so nahm er sie gerne mit. Man kann sich nur schwer vorstellen, dass in irgendeinem anderen europäischen Land ein Taxifahrer eine solche Rätselaufgabe stellen würde und ein Student sie dann auch noch beantworten könnte.

》》 In Island werden pro Kopf mehr Bücher herausgegeben als in jedem anderen Land, und sie sind von höchster Qualität.

Schreiben, schreiben

In Island werden pro Kopf mehr Bücher herausgegeben als in jedem anderen Land, und sie sind von höchster Qualität. Obwohl die Preise haarsträubend sind, werden sie in großen Auflagen verkauft. Während es also heißt, man bekommt, wenn man einem Engländer ein Buch zu Weihnachten schenken will, die Antwort: „Nein danke, ich habe schon eines", wird ein Isländer dagegen hocherfreut über diese Aussicht sein und den ganzen Tag die Regale in allen örtlichen Buchläden durchstöbern.

Es gibt ein isländisches Sprichwort, das besagt, dass, wenn etwas ein Lebensthema ist, es auch ein Buch darüber geben müsse. Damit das auch stimmt, schreiben alle Isländer, einige davon eine ganze Menge. Tatsächlich ist das Schreiben ein nationaler Zeitvertreib.

>> **Alle Isländer schreiben, einige davon eine ganze Menge. Das Schreiben ist ein nationaler Zeitvertreib.**

Eine der wichtigsten Gestalten der isländischen Literaturszene ist der Nobelpreisträger Halldór Laxness. Ein Abschnitt aus seinem Werk *Heimsljós* („Weltlicht") beweist, warum er solche Anerkennung verdient:

> „Wo der Gletscher aufragt, hört das Land auf, irdisch zu sein, und die Erde hat Anteil am Himmel, dort wohnen keine Sorgen mehr, und deshalb ist die Freude nicht nötig, dort herrscht allein die Schönheit, über jede Forderung erhaben."

Das bevorzugte Mittel ist Poesie, manchmal im skaldischen Versmaß, ein Rhythmus einzigartig für Island, hauptsächlich weil niemand sonst sich damit beschäftigt. Ein Merkmal der Skaldendichtung ist die Verwendung von Metaphern, je komplizierter und deshalb unverständlicher, desto besser. Also würde es keinem *skáld* (wie ein Skaldendichter heißt) im Traum einfallen, den Himmel Himmel zu nennen, nicht solange er ihn „der Helden Halle" nennen könnte oder Menschen als Menschen zu bezeichnen, wenn sie auch „ein Fressen für die Wölfe" sein könnten. Ein beliebtes Thema ist die Neuerzählung großer Epen voll lyrischer Abschnitte über die

Schönheit der Sonne, die an kalten, nebligen Tagen im Herbst hinter den Fischtrockengestellen untergeht. Es geht das Gerücht um, dass eines Tages in Reykjavík ein neues Bildnis enthüllt werden wird zum Gedenken an den einsamen Isländer, der nie ein Gedicht geschrieben hat.

Die Substanz der Kunst

Die visuellen Künste liegen allen Isländern am Herzen. Das Land erlebt über zwanzig Erdbeben pro Tag, und obwohl die meisten harmlos sind, sollte man die Landschaft nie für selbstverständlich halten. Diese Wandlungsfähigkeit spiegelt sich in den isländischen Skulpturen und Gemälden wider. Viele

>> **Das Land erlebt über zwanzig Erdbeben pro Tag, und obwohl die meisten harmlos sind, sollte man die Landschaft nie für selbstverständlich halten.**

Leute betätigen sich bildhauerisch oder malen in ihrer Freizeit. Es ist, als ob die Kreativität der isländischen Landschaft ihren Niederschlag in der Kreativität der Menschen dort findet. Es gibt wenig Vegetation, die die Erdgeschichte überdeckt, Island trägt wie das Centre Pompidou in Paris seine Knochen an der Außenseite.

Die Landschaft hat auch die weitere Welt beeinflusst. Nicht nur NASA-Raumfahrer, sondern auch Filmemacher nutzen seine zugängliche Eigenwilligkeit (und die Steuervorteile, die die auf ausländische Währung erpichte Regierung gewährt) zu ihrem Vorteil. Island hat als Kulisse für den Himalaya und Afghanistan, außerirdische und mystische Welten gedient. James Bond ist darüber hinweggefegt, Noah darüber gesegelt.

In einer Ära, in der man mit dem Computer scheinbar alles generieren kann, bleibt Island das einzig Wahre.

Ein Orchesterstück

Es gibt ausgezeichnete isländische Komponisten wie Jón Leifs, Atli Heimir Sveinsson und, am beliebtesten von allen, Sigvaldi Kaldalóns, einen mittellosen Landarzt, der seine Freizeit zum Komponieren verwendete. Ihre Musik wird vom Isländischen Sinfonieorchester in einer futuristischen Konzerthalle gespielt. Die Tatsache, dass Island ein nationales Orchester hat, ist bemerkenswert, nicht

>> **Chorgesang ist eine isländische Tradition. Es heißt, sobald sich drei Leute treffen, stimmen sie einen vierstimmigen Satz an.**

nur, dass ein so kleines Land es sich leisten kann, das Orchester zu finanzieren, sondern auch, dass es genügend Musiker gibt, die darin mitspielen können.

Eismusik

Chorgesang ist eine isländische Tradition. Es heißt, sobald sich drei Leute treffen, stimmen sie einen vierstimmigen Satz an.

Im Bereich Rockmusik sind die Erfolge von Björk Guðmundsdóttir, der elfengleichen Popsängerin, nicht der einzige Stempel, den das Land der Musikwelt aufgedrückt hat. Unter den ständig neu entstehenden lokalen Bands hat Sigur Rós, am ehesten als Post-Rock zu beschreiben, eine breite Fanbasis. Deren minimalistischer Stil soll „kleinste Musikfragmente aufnehmen und dann auf eine weite Reise schicken".

Die optimistischen Songs spiegeln das Streben der isländischen Vorfahren wider, eine feindliche Umwelt zu zähmen; die langsameren Stücke haben eine ätherische Qualität, die an vorbeitreibendes Eis erinnert.

Essen & Trinken

Die Isländer sind konservative Esser. Da die meisten Lebensmittel importiert werden müssen, haben sie sich an westliche Sitten und den westlichen Geschmack gewöhnt. Das Frühstück besteht hier wie anderswo sehr wahrscheinlich aus Cerealien und Kaffee.

>> **Ältere Isländer essen noch immer etwas traditionellere Speisen.**

Ältere Isländer essen jedoch noch immer etwas traditionellere Speisen. Zum Frühstück essen sie *súrmjólk,* eine Art Buttermilch, die wie dünnflüssiger Joghurt aussieht und schmeckt; oder *ristað brauð með osti,* Toastbrot mit Butter, Marmelade und dünnen Scheiben isländischen Käses.

Für den wichtigen Vormittagssnack, der Hungerattacken vermeiden soll, verkaufen Kioske an Bushaltestellen und die meisten Bäckereien übertrieben lange Brote mit dubiosem Belag und süße Teilchen, die wie prähistorische, versteinerte Ammoniten aussehen. Diese riesigen Schnecken sind mit Zucker oder Zuckerguss bestrichen, der entweder pinkfarben oder dunkelbraun ist.

Zu Mittag isst man ein belegtes Brötchen oder etwas vergleichbar Leichtes. Die Hauptmahlzeit wird am Abend gegessen und dabei sind Fisch oder Lamm am beliebtesten. Geräuchertes Lamm *(hangikjöt),* das über einem Feuer aus Lammdung geräuchert wurde, ist der authentischste Geschmack des Landes, den man bekommen kann. Es heißt, das Feuer müsse aus Lammdung sein, um dem Geschmack seine

> **Geräuchertes Lamm, das über einem Feuer aus Lammdung geräuchert wurde, ist der authentischste Geschmack des Landes.**

extra Würze zu verleihen. Auf jeden Fall stimmt es, dass isländisches Lamm, geräuchert oder nicht, köstlich schmeckt.

Ungewohnte Fischgerichte, wie Kabeljauwangen, sind zart und sehr geschmackvoll. Die isländische Wirtschaft baut gewissermaßen auf Kabeljau auf. Allerdings essen ihn die Isländer – mit Ausnahme der Wangen – nicht. Sie finden, es ist ein hässlicher Fisch, und hässliche Dinge essen sie nicht.* Sie bevorzugen Schellfisch mit der Behauptung, er sähe viel besser aus.

Frisches Gemüse und Obst wird das ganze Jahr über nach Island verschifft, doch manche Gemüsesorten wie Karotten, Kartoffeln und Blumenkohl werden vor Ort angebaut.

Auswärts essen zu gehen ist ein beliebter Zeitvertreib, geht aber ziemlich ins Geld. Wie in allen kosmopolitischen Hauptstädten kann man sich in Reykjavík jede Art von Küche gönnen – italienisch, indisch, chinesisch, vietnamesisch. Ein

---

*Bis in die 1950er Jahre warfen die isländischen Fischer Hummer zurück ins Meer, wenn sie sie gefangen hatten, weil sie sie zu hässlich fanden, um sie zu behalten.

spektakulärer Ort, essen zu gehen, ist *Perlan* (die Perle). Das Restaurant liegt auf gigantischen Heißwassertanks, die das von einem Vulkan aufgewärmte Wasser für das Zentralheizungssystem in der Stadt speichern. Das Restaurant dreht sich, was jeder Mahlzeit eine extra Dimension – beziehungsweise mehrere – gibt. Entweder nimmt es einem den Appetit, oder es macht wirklich Spaß, abhängig vom eigenen Standpunkt. Aber da es sowieso zu teuer ist, dort zu essen, macht das keinen großen Unterschied.

Gesäuerte Seehundflossen und gebratener Papageientaucher

Wikingerspezialitäten wie in Molke eingelegte Schafshoden, geronnene Blutwurst, fermentiertes Haifleisch, welches man zuvor mehrere Monate lang im Boden vergräbt, Seehundflossen auf eine Art gesäuert, über die man am besten nicht nachdenkt, sowie gekochter und versengter Schafskopf sollen hervorragend

>> **Wikingerspezialitäten wie in Molke eingelegte Schafshoden, geronnene Blutwurst und fermentiertes Haifleisch sollen hervorragend sein.**

sein. Isländer wundern sich darüber, dass das einzige Wikingerrestaurant in Reykjavík bei Touristen nicht gut ankommt, während sich die Touristen darüber wundern, dass es überhaupt eines gibt.

Eine weitere Wikingerspezialität findet man auf den Westmännerinseln. Im Frühjahr, während der Brutzeit, sammeln die Inselbewohner Papageientaucher und Papageientauchereier. Um an die Eier heranzukommen, stürzen sie sich an dünnen Seilen die Klippen hinunter und baumeln zig Meter über der peitschenden See, um die Nester zu erreichen. Obwohl diese Tollheiten ganz eindeutig ihren Ursprung in großem Hunger hatten, praktiziert die Jugend der Inseln diese Tradition heutzutage als Sport, um festzustellen, wer am weitesten kommt, den elegantesten Bogen machen und überleben kann. Ausgewachsene Papageientaucher werden auf den Spitzen der Klippen mit dem Netz gefangen, was genauso gefährlich ist. Wenn man sieht, was für ein Aufwand das alles ist, sollte man meinen, Papageientaucher schmecke göttlich. Doch nichts ist weniger wahr. Gebraten, gekocht oder gegrillt – der Vogel schmeckt einfach immer nach altem, gebrauchtem Fett.

>> **Gebraten, gekocht oder gegrillt – Papageientaucher schmecken einfach immer nach altem, gebrauchtem Fett.**

Die Finanzprobleme des Landes haben für ein Wiederaufleben des Interesses an ihren eigenen, einzigartigen Gerichten gesorgt, da den Isländern klar geworden ist, dass diese sowohl billig als auch nahrhaft sind. Im ganzen Land, und besonders im Norden, werden Fische aller Art auf großen Gestellen zum Trocknen aufgehängt wie Kleidung an einer Wäscheleine. Sie bleiben so lange hängen, bis sie so dünn wie Papier sind und nach altem Teppich schmecken. Wenn die Möwen das Interesse daran verloren haben, dann ist der Fisch nach Meinung der Isländer fertig zum Essen.

Kaffee mit Kick

Das traditionelle Getränk in isländischen Cafés ist Kaffee. Er variiert von gerade mal so trinkbar bis tödlich. Isländern tut er gut, aber Besucher, vor allem diejenigen mit einer etwas empfindlicheren körperlichen Verfassung, können nach zwei Tassen Zitteranfälle bekommen.

Viele ältere Isländer nehmen keinen Zucker in ihren Kaffee, sondern behalten einen *sykurmoli* (Zuckerwürfel) beim Trinken im Mund, ein Brauch, der eine Erklärung für die schweigsamen Kaffeetrinker sein könnte. Obwohl die Jüngeren sich an die westliche Gewohnheit, den Zucker in die Tasse zu geben, angepasst haben, lebt das Wort weiter in den *Sykurmolarnir* – The Sugarcubes – einer der beliebtesten Rockbands der Insel, in der Björk eine Zeit lang Leadsängerin war.

>> **Viele ältere Isländer nehmen keinen Zucker in ihren Kaffee, sondern behalten einen sykurmoli (Zuckerwürfel) beim Trinken im Mund.**

Alle Arten von Alkohol

Es heißt, dass Gottes Geschenk an die Isländer ein unberührtes Land unvergleichlicher Schönheit und Vielfalt war. Der Preis, den moderne Isländer für dieses Geschenk bezahlen müssen, ist der Preis für Alkohol.

Bis 1989 war Bier verboten und auch heute noch ist es nur in staatseigenen Geschäften zu Wucherpreisen erhältlich. Die Idee, dass ein Alkoholverbot die Trunksucht reduzieren würde, entbehrte jeder Vernunft und Erfahrung. Gemeinsam mit den anderen Wikingern in Norwegen und Schweden haben die Isländer schon vor langer Zeit das Problem mit den langen, dunklen Wintermonaten geklärt. Die Lösung war ganz einfach: Betrinke dich im September und werde nicht vor Ende April wieder nüchtern.

Während des Alkoholverbots gab es Alkohol zu bestimmten Zeiten und an bestimmten Orten, eine Gelegenheit zum Beispiel war im Flugzeug. Das bedeutete, dass das Trinken begann, sobald das Flugzeug zur Startbahn rollte und erst endete,

>> **Betrinke dich im September und werde nicht vor Ende April wieder nüchtern.**

wenn die Türen am Ende des Flugs wieder geöffnet wurden. Zu diesem Zeitpunkt konnten die Passagiere normalerweise eher aus dem Flugzeug ausgekippt werden, als dass sie es auf gewöhnliche Art verlassen hätten.

Eine weitere Folge des Alkoholverbots war, dass der Alkoholschmuggel und illegale Destilliergeräte für die Schwarzbrennerei von Alkohol Allgemeingut waren. Die selbstgebrannten Sorten waren so grässlich, dass große Mengen von Coca-Cola getrunken werden mussten, um den Geschmack hinunterzuspülen. Alte Gewohnheiten wird man schwer wieder los, weshalb viele ältere Isländer noch immer massenhaft Cola trinken und damit der Jugend des Landes Gesellschaft leisten.

Der Alkoholkonsum ist inzwischen legal, aber reguliert. Alkohol in jeder Form kann noch immer nur in den staatlichen Alkoholläden gekauft werden und ist sehr teuer. Restaurants und Bars können Alkohol ausschenken, aber dort

ist er noch teurer. Dass man leichter an Alkohol heran-
kommt, hat die konsumierte Menge verringert, aber es hat
keine Auswirkungen auf die Art des Trinkens. Isländer be-
greifen das Konzept des Trinkens in Gesellschaft nicht. Sie
trinken nur, um betrunken zu werden, einen Zustand, den
sie mit größtmöglichem Enthusiasmus und minimalem finanziellen Aufwand anstreben. Wenn es 10 % billiger ist, sich
mit Gin statt mit Whiskey einen Rausch anzutrinken, dann
trinken sie Gin. Erkundigt man sich danach, ob Geschmack
eine Rolle spielt, dann wird man
angeschaut, als sei man ein Trot-
tel. Was soll Geschmack damit
zu tun haben?

>> **Isländer trinken nur, um be-
trunken zu werden, einen Zustand,
den sie mit größtmöglichem
Enthusiasmus und minimalem
finanziellen Aufwand anstreben.**

Als ob sie damit den Beweis
liefern wollten, schmeckt das
einzige, wirklich isländische Getränk, *brennivín* (Branntwein
aus Kartoffeln), nach nichts, es kratzt in der Kehle wie flüssi-
ges Schmirgelpapier und ist, aus gutem Grund, bekannt als
„schwarzer Tod". Umgangssprachlich nennt man das Trinken
auch „eine Träne haben": Das Gebräu ist eindeutig so stark,
dass es einem die Tränen in die Augen
treibt.

Der 1. März ist der nationale Biertag,
an dem das Ende des Alkoholverbots
gefeiert wird. Die Feierlichkeiten bestehen aus einem 24 Stunden langen Be-
säufnis, das kaum von den Feiern an
anderen Tagen zu unterscheiden ist.

Gesundheit

Leben und Tod

Isländer haben die höchste Lebenserwartung aller Länder der Welt, außer vielleicht Georgien, wo die Leute angeblich regelmäßig 125 Jahre alt werden. Die Isländer führen dies auf ihre Liebe zur freien Natur – und es gibt eine Menge freier Natur zu lieben – sowie ihre Ernährung zurück.

Vor nicht allzu langer Zeit gab es einen Ärztemangel. Die beste Hilfe, die man bekommen konnte, war die Bezirkskrankenschwester, die im Frühjahr aber eher nicht zu erreichen war, weil sie damit beschäftigt war, die Schafsböcke dieses Jahres zu

>> **Der Tod wird mit einer großen Schar von Verwandten und Freunden gefeiert.**

kastrieren. Ein weises, altes Familienmitglied war die einzige Person, bei der man sich Rat holen konnte. Demzufolge sind die meisten Isländer der Ansicht, dass jede Erkrankung oder jegliche Schmerzen ein kleineres Problem darstellen, eine Unannehmlichkeit, die nach ein, zwei Stunden oder höchstens nach einem Tag wieder von selbst verschwindet. Doch Einflüsse von außen stellen diesen gesunden Aspekt des isländischen Lebensstils in ein anderes Licht. Junge Leute fangen an zu glauben, dass der Rest der Welt recht haben könnte, und dass bereits kleinere Erkrankungen und Schmerzen ein Symptom für etwas Lebensbedrohliches sein könnten, weshalb der Verbrauch von Tränken und Pillen zunimmt.

Der Tod wird mit einer großen Schar von Verwandten und Freunden gefeiert. Obwohl sie meistens ihre Privatsphäre schützen, kommen die Menschen bei Begräbnissen im Geiste von Herzlichkeit und Zusammengehörigkeitsgefühl zusammen.

Erhabene Musik und Poesie gehören zu der Zeremonie, bei der der Sarg in die Nationalflagge gehüllt wird. Am Grab wird ein ergreifender Psalm aus dem 16. Jahrhundert gesungen über das Leben des Menschen, das so vergänglich ist wie eine Wiesenblume, die der Sense zum Opfer fällt:

> In einem kurzen Nu
> durch einen raschen Schnitt
> Farbe und Blatt verlor
> so auch des Menschen Schritt.

Der Tod ist zum großen Geschäft geworden, seit die Menschen entdeckt haben, dass ihre Beerdigung das letztmögliche Statussymbol ist. In zunehmendem Maße werden Musikbands angeheuert, die die Lieblingsmusik der Verstorbenen spielen und es wird ein Fest organisiert. Freigesprochen von jeglicher Verantwortung für das Benehmen der Gäste und die Kosten für all dies, amüsieren sich die Leichen köstlich.

Ärzte und Zahnärzte

Die Isländer behaupten, dass ihre hohe Lebenserwartung auch ihrem – zumindest traditionell – exzellenten Gesundheitswesen zuzuschreiben ist. Sie bezahlen einen kleinen Betrag, wenn sie zum Hausarzt gehen, und einen höheren Betrag, wenn sie einen Spezialisten aufsuchen.

Das Gesundheitswesen umfasst nicht die Zahnärzte. Das ist verständlich, wenn man die Mengen von Süßigkeiten bedenkt, die Isländer jeden Alters vertilgen. Auch deckt die Krankenversicherung nicht die Zahnarztbehandlungen ab. Es ist ganz einfach: Wer Süßigkeiten isst, bekommt schlechte Zähne, geht zum Zahnarzt und bezahlt hinterher die Rechnung. Man hat vielleicht Schmerzen im Mund, aber man wird auch tief in die Tasche greifen müssen. Finanziell amortisiert sich dieses Entgelt, weil es zu guter Mundhygiene geführt hat, weshalb die Isländer trotz all des Zuckers in ihrer Nahrung selten Geld für Füllungen locker machen müssen.

Kondome vom Taxifahrer

Da sie nie unter einem ausgeprägten Puritanismus gelitten haben, bringen die Isländer ihre Kondomautomaten eher an den Wänden von Bushaltestellen an, als diese in der Herrentoilette zu verstecken. Sogar Taxifahrer verkaufen Kondome. Was Sinn macht, obwohl man immer Gefahr läuft, dass der Taxifahrer

>> Die Isländer bringen ihre Kondomautomaten eher an den Wänden von Bushaltestellen an, als diese in der Herrentoilette zu verstecken.

verlangt, man solle die erste Zeile der Saga von Njáll rezitieren, bevor er das Päckchen hergibt.

Die Finanzkrise 2008 hat die Preise für Kondome dramatisch in die Höhe getrieben, da die Vorräte importiert werden müssen und die Krone im Vergleich zu allen wichtigen Währungen im Wert gefallen war. Der Verkauf von Kondomen ging daher zurück, aber auf die typisch isländische Art wurde dies als potenziell von Nutzen gesehen. Da es möglicherweise Generationen brauchen würde, um die Schulden abzuzahlen, war es vielleicht gar keine schlechte Sache, wenn die Bevölkerung zunehmen würde.

Ins heiße Wasser steigen

Isländer sind sowohl gesund als auch hygienisch. Ersteres ist ihrer Meinung nach eine Folge des Letzteren. Jeder Ort hat ein Freibad, in dem das ganze Jahr über Leute täglich schwimmen, die Älteren morgens, die Schulkinder und Eltern später am Tag. Alle müssen sich gründlich in der Dusche waschen, bevor sie ins Wasser steigen, das vulkanisch aufgeheizt wird, sodass im Winter, wenn die Erde mit Schnee bedeckt ist und der Wind versucht, das Wasser vom tiefen Ende zum flachen Ende zu treiben, die Schwimmer noch immer in Ruhe ihre Bahnen ziehen. Es ist ein seltsamer Anblick, dem der Dampf, der aus dem heißen Wasser aufsteigt, etwas Unwirkliches verleiht, während mit Frost bedeckte Köpfe unerbittlich auf dem Wasser schaukeln.

> **》》Isländer sind sowohl gesund als auch hygienisch. Ersteres ist ihrer Meinung nach eine Folge des Letzteren.**

Neben den Schwimmbecken führen Treppen in runde „heiße Töpfe", in denen Badende vor oder nach dem Schwimmen ausruhen. Das vulkanische Quellwasser variiert von heiß im ersten Becken bis zu unglaublich heiß im letzten. In jedem Becken nimmt der Körper eine andere Farbe an, von zartem Rosa im ersten Becken bis hin zum letzten, aus dem man so rot wie ein Krebs heraussteigen wird.

Durch all das Duschen und Schwimmen sind die Isländer sehr sauber. Der einzige Nachteil ist, dass das Wasser aus heißen Quellen nach Schwefel riecht. Ausländer brauchen eine Weile, um sich an die Idee zu gewöhnen, dass sehr saubere Leute wie faule Eier riechen können.

Hygiene erstreckt sich auch auf die Umwelt. Jeder Ausländer, der in Island angeln gehen möchte, braucht ein Zertifikat, um bei den isländischen Behörden nachzuweisen, dass alles, was mit dem Wasser in Kontakt kommen wird (Watstiefel, Angeln, Köder etc.) sterilisiert worden ist. So bleibt sogar der Lachs gesund und munter.

>> **Ausländer brauchen eine Weile, um sich an die Idee zu gewöhnen, dass sehr saubere Leute wie faule Eier riechen können.**

Regierung & Bürokratie

Beleidigungen austauschen

Da man keine landestypische beleidigende Geste hat, geben sich die Isländer damit zufrieden, diejenigen, die sie beleidigen wollen, öffentlich zu erniedrigen. Die größten Demütigungen sind reserviert für Politiker, die allergrößten für diejenigen, die die höchsten Ämter besetzen. Man kann sicher sein, dass ein Politiker, der einen beleidigenden Spitznamen hat, diesen aufgrund seines hohen Amtes erhalten hat. Wenn er richtig beleidigend ist, ist es wahrscheinlich der Premierminister.

> **>> Alle paar Jahre geben die Isländer ihren Politikern die Möglichkeit, ihr Geld auf ehrliche Art und Weise zu verdienen – mit dem einfachen Hilfsmittel, sie aus dem Amt zu werfen.**

Das erste Land gewesen zu sein, in dem eine Frau zum Staatsoberhaupt gewählt wurde, lässt die nationale Brust anschwellen, allerdings steht die Haltung des Volkes gegenüber dem Präsidentenamt in starkem Kontrast zu der, die gegenüber anderen Politikern üblich ist. Trotz einer hohen Wahlbeteiligung von 81,4 % während der letzten Wahlen misstraut etwa die Hälfte der Bevölkerung ihren politischen Institutionen. Die Politiker des Landes werden im Allgemeinen gering geschätzt und alle paar Jahre geben ihnen die Isländer die Möglichkeit, ihr Geld auf ehrliche Art und Weise zu verdienen – mit dem einfachen Hilfsmittel, sie aus dem Amt zu werfen.

Die Zeitungen bringen die Gefühle der Nation den Politikern gegenüber zum Ausdruck. Überhaupt geht man davon aus, dass Journalisten verpflichtet sind, beleidigend zu sein. Allerdings ist die Quelle ihres Zorns nicht, dass Politiker schlechte Menschen sind oder ein unmoralisches Leben führen, sondern dass sie unbeholfen und dumm sind. Im Gegensatz dazu sind diejenigen, die von Politikern beleidigt werden, geradezu schockiert. Es ist, als ob Enten zurückschießen würden. Ein Fernsehproduzent, der auf eine Reihe tief verletzender politischer Shows zurückblicken konnte, wurde – in seinen Augen – von einem Minister der Regierung beleidigt. Mit einem Aufschrei der Empörung erklärte er sein Vorhaben, andere, die sich in derselben Lage befanden, bei ihren Verleumdungsklagen zu unterstützen und gründete umgehend die Vereinigung für Leute, die von Politikern beleidigt wurden.

>> **Isländer gehen davon aus, dass Journalisten verpflichtet sind, beleidigend zu sein.**

Links, Rechts, Zentrum

Islands Parlament setzt sich aus 63 Mitgliedern zusammen, die aus einer Handvoll Parteien stammen. Die Unabhängigkeitspartei (UP), mit der größten Zahl an Sitzen, hielt sich in einer gemäßigten rechten Regierung mit den Progressiven (PP) fast ein Jahrhundert lang an der Macht, bis sich mehrere linke Fraktionen zu den Sozialdemokraten (SD) und der Linken Grünen Bewegung (LGB) zusammenschlossen. 2007 veränderte eine UP- und SD-Koalition die alte Ordnung für kurze Zeit, aber diese wurde während der globalen Finanzkrise durch die, wie die Staatsbürger es nannten, „Töpfe- und

Pfannenrevolution" gestürzt. Um gegen den unzulänglichen Umgang der Regierung mit der Finanzkrise zu protestieren, versammelten sich Menschenmengen vor dem Parlamentsgebäude in Reykjavík. Als sich herausstellte, dass die Politiker nicht willens waren, sich mit ihnen zu treffen, gingen sie alle nach Hause, schnappten sich ihre Küchenutensilien und kehrten zurück, um diese so laut aufeinanderzuschlagen, dass die Regierung und die Beamten gezwungen waren, ihre Arbeit wegen des höllischen Lärms einzustellen. Die Androhung, dass der Lärm täglich wiederholt werden würde, brachte die Regierung zu Fall.

>> **Laut einer Umfrage gab es nur drei Kommunisten im Land. Einer war der Wächter im nördlichsten Leuchtturm, der als „Kommie-Óli" bekannt war.**

Die unkonventionelle Art und Weise, in der dieser Protest gehandhabt wurde, ist typisch für die Isländer. Als die isländischen Frauen feststellten, dass sie durchschnittlich nur 64,1 % des Gehalts der Männer bezahlt bekamen, organisierten sie eine Demonstration, die um 14:08 Uhr beginnen sollte – nach exakt 64,1 % des Arbeitstages.

Islands Linksruck galt als bemerkenswert, jedoch nicht erdrutschartig. Laut einer zu dieser Zeit durchgeführten Umfrage gab es nur drei Kommunisten im Land. Einer war der Kaugummi kauende Moderator von Islands bestem Jazzprogramm im Radio. Der zweite war der Wächter im nördlichsten Leuchtturm des Landes, der als „Kommie-Óli" bekannt war und angeblich ein Foto von Stalin an der Wand hängen hatte. Die dritte Person wurde aus Angst vor einer Verleumdungsklage nicht genannt.

Die Regierung, die versuchte mit den Auswirkungen der Krise fertig zu werden, mag erwartet haben, dass die Mehrheit der Bevölkerung ihre Anstrengungen bis zum Anbruch besserer Tage unterstützen würde. Aber nach den allgemeinen Wahlen 2013 kehrten mit der alten Zentrum-Rechts-Koalition genau die Leute zurück an die Macht, die ursprünglich

> **Wie so oft konnten die Isländer nicht der Versuchung widerstehen, etwas Neues auszuprobieren, auch wenn es nur das Alte in neuen Kleidern war.**

den ganzen Schlamassel verursacht hatten. Wie so oft konnten die Isländer nicht der Versuchung widerstehen, etwas Neues auszuprobieren, auch wenn es nur das Alte in neuen Kleidern war. Allerdings hat es nicht lange gedauert, bis die Verärgerung wieder eingesetzt hatte, und die Töpfe und Pfannen erneut hervorgeholt wurden.

Die anmaßende Beamtenschaft

Die Beamtenschaft, die schon so lange existiert wie die Koalition, scheint mehr zu sagen zu haben als die Regierung selbst. Ihre Angestellten verhalten sich auch oft so. Sie untergraben die Demokratie, indem sie den Fortschritt verhindern, wenn sie mit den Vorschlägen der gewählten Mitglieder nicht einverstanden sind.

Selbst wenn die Regierung sich für etwas entschieden hat, kann es schwierig sein, dies auch umzusetzen. Es gibt garantiert einen jungen Beamten in einem obskuren Ministerium, dem die Idee nicht passt. Wenn er den Fortschritt erst einmal zum Stillstand gebracht hat, wird sich der gesamte widerspenstige Beamtenapparat auf seine Seite stellen und die Idee wird unter einer Lawine von Behördenkram begraben werden. Es ist diese Haltung, die zu dem Vorschlag geführt hat, dass Island problemlos eine Ebene der Regierung abschaffen könnte, nämlich die der gewählten Vertreter.

Geschäftsleben

Die Isländer glauben fest an die Existenz der *Kolkrabbi* (Krake), einer Organisation (wahrscheinlich informell, aber wie immer bei solchen Dingen: Wer weiß das schon?) der tonangebenden Familien des Landes, die die wichtigsten Geschäftszweige kontrollieren und Familienmitglieder in der Regierung haben. Historisch gesehen existierte sicher eine enge Verbindung zwischen Großunternehmen und der führenden politischen Partei. Politiker wurden zu Stellvertretern der Unternehmen und die (sehr gut bezahlten) Direktorenposten bei den führenden Banken wurden politisch vergeben. Werden ein Politiker und Geschäftsmann zusammen in einem Auto gesichtet, wird das üblicherweise von spitzen Kommentaren über Treffen der Krake begleitet, aber wie mit allen anderen politischen Skandalen ziehen die Leute Sarkasmus und Beleidigungen wirklichem Handeln vor.

>> **Die Isländer glauben fest an die Existenz der Kolkrabbi.**

Die Isländer glauben auch, dass die zweitgrößte politische Partei und eine weitere Gruppe einflussreicher Männer (hauptsächlich reiche Bauern) den „Tintenfisch" bilden. Abhängig von der Zusammensetzung der jeweiligen Regierung stehen die Krake und der Tintenfisch entweder auf Kriegsfuß miteinander oder sie genießen gemeinsam gemütliche Mittagessen zum gegenseitigen Vorteil. Aber in welche Richtung es sich auch entwickelt, man kann sicher sein, dass der gewöhnliche Isländer wenig davon profitieren wird.

Vor einem Jahrzehnt versuchten vor dem Hintergrund des Gejammers über die Aktivitäten der Krake unternehmungslustige Seelen, dem Klub beizutreten. Der Erfolg stellte sich nicht sofort ein. Viele gründeten Unternehmen, fingen klein an und wurden noch kleiner, bevor sie ganz verschwanden. Wenn

> **》》 Ein Minister ließ sich zu der Behauptung hinreißen, die Zahl der Konkursanmeldungen sei ein Maß der wirtschaftlichen Gesundheit des Landes.**

die Taiwanesen einen batteriebetriebenen Rückenkratzer erfanden, konnte man sicher sein, dass am Ende der ersten Produktionswoche ein Isländer eine Importfirma dafür gegründet hatte. Dazu lieh man sich Geld, mietete Geschäftsräume an, stellte Mitarbeiter ein – in den meisten Fällen allerdings vergebens, weil das Geschäft mit den Rückenkratzern bereits in der zweiten Woche völlig den Bach runterging. Die Regierung befürwortete diesen Unternehmergeist, ein Minister ließ sich sogar zu der Behauptung hinreißen, die Zahl der Konkursanmeldungen sei ein Maß der wirtschaftlichen Gesundheit des Landes. Es war eine Bemerkung, die die herablassende Haltung der Elite gegenüber dem kleinen Mann klar verdeutlichte, schien aber 2008 sehr nahe an die Wahrheit heranzukommen, als es danach aussah, dass das gesamte Land bankrott war, nachdem die drei größten Banken des Landes in die Insolvenz geschlittert waren. Für den Rest der Welt sah das alles sehr düster aus, aber die Isländer schienen recht locker mit diesem finanziellen Desaster umzugehen. Die Fischindustrie gab es ja noch, die Chancen grüne, geothermale Energie zu verkaufen standen immer noch gut, und der zunehmende Bedarf an Rechenzentren und Datenspeicherungsanlagen versprach, Island zu einem der wichtigsten „Hotspots" zu machen, da es billige, nachhaltige Ressourcen sowie unbegrenzte natürliche Kühlung bieten konnte.

Island würde eventuell etwas weniger Schulden aufnehmen können, und das große Abenteuer, die Welt aufzukaufen – zu einem gewissen Zeitpunkt schien es, als würde Island die halbe britische Geschäftswelt besitzen (einschließlich Hamleys, Oasis und Whistles) sowie verschiedene Fußballklubs – müsste erst einmal auf Eis gelegt werden, aber die erfindungsreichen Isländer sind es gewohnt, aus ihren Fehlern zu lernen.

>> Die erfindungsreichen Isländer sind es gewohnt, aus ihren Fehlern zu lernen.

Sie behielten ihren Glauben an ihre eigenen Fähigkeiten – und das ist scheinbar ein Glaube ohne Grenzen. Einige Einzelpersonen mit großen Schulden bei ausländischen Banken oder Unternehmen verloren große Vermögen, einschließlich ihrer Häuser. Doch für viele war die Krise nur ein erneuter Sturm, den man aussitzen musste. Sie brachte sogar ihren eigenen (Galgen-)Humor hervor, wie in dem folgenden englischsprachigen Witz:

„What is the capital of Iceland?"
„About 50 $."

[„Was ist die Hauptstadt / das Guthaben von Island?"
„Ungefähr 50 $."]

Bräuche & Traditionen

Son und dóttir

Die Mehrheit der isländischen Vornamen ist so alt wie die Sagas. Dort findet man Harald Graumantel und Þórhall Bier-mütze. Heutzutage ist es mög-lich mit „Stein, Sohn von Wolf" (Steinn Úlfsson) oder mit „Adler, Sohn von Bär" (Örn Björnsson) ein Bier zu trinken. Und das Beste daran ist, dass man sich dafür nicht den Kopf spalten oder die Frau aufspie-ßen lassen muss.

》Die Mehrheit der isländischen Vornamen ist so alt wie die Sagas.

Isländer sind sehr stolz darauf, dass sie das einzige wikin-gische Land sind, in dem es noch die patronymische Na-mensgebung gibt, das heißt, der Vorname des Vaters zum Nachnamen des Kindes wird. Dadurch kommt es zu dem ku-riosen Phänomen, dass es in einer Standardfamilie aus Vater, Mutter, Sohn und Tochter vier verschiedene Nachnamen gibt.

Wenn Pétur, der Sohn von Björn, Guðrún, die Tochter von Vilhjálmur, heiratet, und sie zwei Kinder bekommen, Marta und Einar, dann schreiben sie sich in einem europäischen

Hotel als Pétur Björnsson, Guðrún Vilhjálmsdóttir, Marta Pétursdóttir und Einar Pétursson ein. Es soll Hotelportiers geben, die mit den Tränen kämpfen.

Die Nutzung von Patronymen hat das Potenzial, das Telefonbuch zu einem der am schwierigsten zu durchschauenden Bücher zu machen. Um dieses Problem zu beheben, werden alle mit Vor- und Nachnamen aufgelistet. Das löst das Problem jedoch nur teilweise, weil es nur eine begrenzte Anzahl an Vornamen gibt und daher auch immer mehrere Leute mit dem gleichen Namen. Deshalb geben die Isländer ihren Beruf hinter ihrem Namen an. Darauf folgt die Adresse und zu guter Letzt die Telefonnummer. Bis man sich allerdings durch die ganzen vorherigen Informationen hindurchgearbeitet hat, haben die meisten Leute bereits vergessen, warum sie anrufen wollten.

>> **Für die frühesten Isländer waren die fünf Wintermonate eine miserable Zeit, sogar noch miserabler als für ihre Landsleute heute.**

Die Zahl der europäischen Nachnamen steigt durch Einwanderer und die Ehen mit Ausländern. Eine Person, die das Patronym bereits vor langer Zeit gegen einen Nachnamen in europäischer Form getauscht hatte, war der Autor Halldór Laxness. Bei jedem anderen hätte man auf dieses Gehabe herabgeschaut. In seinem Fall hat man es akzeptiert, da er als Genie galt.

Frühlingshüpfen

Für die frühesten Isländer waren die fünf Wintermonate eine miserable Zeit, sogar noch miserabler als für ihre Landsleute heute. Um nicht verrückt zu werden, fanden regelmäßige Feiern statt. Die wichtigste ist das *þorrablót* im tiefsten Winter, benannt nach dem altnordischen Monat *Þorri*. Man begann mit dem Feiern in der dritten Januarwoche und wenn die Feiern dann in der dritten Februarwoche zu Ende gingen, wurden die Tage sehr schnell länger und der Frühling kündigte sich an.

> **» Die wichtigste Feier ist das þorrablót im tiefsten Winter, benannt nach dem altnordischen Monat Þorri.**

Es war bei den Isländern Brauch *Þorri* willkommen zu heißen, indem man nur ein Hosenbein anzog und barfuß um den Hof hüpfte. Die kirchlichen Autoritäten versuchten diese Feiern zu unterbinden (nicht zuletzt vielleicht, um zu vermeiden, dass die Hälfte der isländischen Kirchgänger auf Krücken in die Kirche humpelte, weil sie an einem Fuß Erfrierungen erlitten hatten), doch unter der dänischen Herrschaft wurde der Brauch als Symbol des Nationalismus wiederbelebt. Heute wird es aus den im wesentlichen gleichen Gründen wie bei den frühesten Siedlern wieder mit großer Begeisterung gefeiert. Man isst traditionelle Gerichte und trinkt eine ganze Menge. Das Hüpfen ist nicht mehr zwingend, doch es ist durchaus wahrscheinlich, dass es bei den Versammlungen passiert, wenn genügend Schmiermittel serviert wurden, die alle Hemmungen aufheben.

Der verflixte Aschermittwoch

Der Aschermittwoch ist ein Fest, bei dem die heidnische Vergangenheit und die christliche Gegenwart vermischt werden.

Alle Kinder ziehen bunte Kostüme an und bemühen sich den ganzen Tag von Herzen, die Erwachsenen zu veräppeln.

Der wohl eigenartigste Teil dieses Festes ist *kattarslagur,* bei dem die Kinder selbstgemachte Schwerter oder Schlagstöcke dazu verwenden, ein Seil zu durchtrennen, an dem ein Fass hängt. Vor nicht allzu langer Zeit wurde aus Gründen, die heute keiner mehr nachvollziehen kann, eine tote Katze an dem Seil aufgehängt. Heutzutage wird zur Erleichterung aller Beteiligten und ganz besonders der isländischen Katzenpopulation ein kuscheliges Spielzeug an das Seil gehängt.

> **>> Am Rosenmontag feiert man den bolludagur, den Windbeuteltag. Selbst dieser Tag hat ein bizarres Element.**

Am Rosenmontag feiert man den *bolludagur,* den Windbeuteltag, was noch recht normal klingt. Doch selbst dieser Tag hat ein bizarres Element, weil es Brauch ist, dass man sich süße Windbeutel verdienen kann, indem man jemandem mit einem Stock auf den Allerwertesten haut, bevor diese Person aus dem Bett aufgestanden ist.

Strickchic

Vor dreißig Jahren hätte das Stricken auf der nationalen Besessenheitsskala einen Wert erreicht, der ebenso hoch war wie der für Politik und Wetter. In ländlichen Gebieten ist das immer noch so, aber die Städter haben schon lange aufgehört, sich einer Sache hinzugeben, die sie für eine Beschäftigung für Bauerntrampel halten, jedenfalls in der Öffentlichkeit. Viele exzellente junge Künstler Islands sind Frauen, die ihre

Stricknadeln beiseite gelegt und dafür die Malpinsel in die Hand genommen haben. Allerdings hat die Finanzkrise unter anderem auch zu einem Strickrevival geführt.

Sowohl Frauen als auch Männer strickten. Sie machten Decken aus gestrickten Dreiecken, Fingerhandschuhe ohne Nähte (eine Fertigkeit, die noch immer die Bewunderung der Sachkundigen hervorruft), Pullover und alle möglichen Sachen, die vor der Kälte des Winters schützen. Geschichten von

❯❯Geschichten von obsessivem Stricken gibt es wie Sand am Meer.

obsessivem Stricken gibt es wie Sand am Meer. Kuh- und Schafhirten strickten während sie durch Islands wilde Landschaft wanderten. Bauernfrauen sollen sogar während des Liebesakts gestrickt haben.

Ein wunderschönes Ergebnis all dieser Anstrengungen ist der *lopapeysa,* der Pullover mit den typischen rundgestrickten, verschlungenen Mustern unterhalb des Kragens. Die Pullover, die an Ausländer verkauft werden sollen, haben in der Regel eine Beimischung weicher, importierter Wolle, denn die Wolle der isländischen Schafe (die langes Deckhaar haben, um die Kälte abzuhalten) ist kratzig. Die Isländer nennen Sachen, die daraus gestrickt sind *stingubolur,* wörtlich „stechendes Hemd", weil sie schrecklich kratzen.

93

Sprache & Ideen

Der Däne Rasmus Christian Rask behauptete im frühen 19. Jahrhundert, dass er Isländisch gelernt habe, um fähig zu sein, zu denken. Dies war ein wundervolles, einige sagen sogar bewegendes Kompliment. Aber er hatte auch vorhergesagt, dass das Isländische innerhalb von 100 Jahren ausgestorben sei

>> **Rasmus Christian Rask behauptete im frühen 19. Jahrhundert, dass er Isländisch gelernt habe, um fähig zu sein, zu denken.**

wegen des Dänischen, der Sprache der Herrscher über die Insel. Die Herrscher haben das Isländische nicht verboten (sie haben es einfach nur ignoriert) und die Sprache überlebte. Dänisch war die Handels- und Regierungssprache. Es war auch die Sprache der Vornehmtuerei, gesprochen vom isländischen „Adel". Es ist ironisch zu nennen, dass die Abneigung der Isländer gegen Anmaßung und die Abneigung der Arbeiterklasse gegenüber der Oberschicht die Sprache vor dem Aussterben bewahrt haben.

Ähnliche Vorhersagen werden inzwischen zum Tod des Isländischen durch das Zutun des Englischen gemacht. Ein spezielles Problem ist die Zahl der Englischsprechenden, die zum Studium nach Island kommen, weil es so einzigartig ist. Wenn eine Gruppe aus zehn Isländern und einem Ausländer, der kein Isländisch spricht, besteht, dann wird die Vorlesung auf Englisch gehalten. Die Isländer haben einen Ausdruck dafür – „Unkenntnis ist eine Stärke", was verdeutlicht, wie sehr sie sich um ihre Sprache sorgen.

Zu der Liste der Obsessionen könnte man noch eine weitere hinzufügen: Isländisch. Das Isländische ist eine exotische Sprache, die aus 32 Buchstaben besteht, wobei die Sonderbuchstaben sehr pittoresk und komplett unaussprechbar daherkommen. Ein isländisches Gedicht von William Jón Holm mit dem Titel „Die isländische Sprache" bringt dies so zum Ausdruck:

> In einem Raum mit Klimaanlage kann man die Grammatik
>   dieser Sprache nicht verstehen,
> Das Surren des Ventilators übertönt die weichen Vokale,
> Aber man kann diese Vokale im Wind hören, der von
>   den Bergen weht,
> Und in schwerer Dünung, die über den Rumpf eines
>   kleinen Bootes bricht.
> Alte Damen können ihre langen Haare in dieser Sprache
>   flechten
> Und summen und stricken und Pfannkuchen backen.
> Aber man kann keine Cocktailparty in dieser Sprache
>   feiern
> Und mit einem Drink in der Hand herumstehend geist-
>   reiche Dinge sagen.
> Man muss sich setzen, um diese Sprache zu sprechen,
> Sie ist so schwer, dass man darin nicht höflich sein kann
>   oder drauflosplappern.
> Denn wenn man einmal einen Satz angefangen hat, liegt
>   der Verlauf Deines ganzen Lebens offen vor Dir,
> Jeder dumme Fehler wird klar, jedes Versagen, jeder
>   Schmerz,

Sich durch die Beugungen von Fall zu Fall und von Geschlecht zu Geschlecht bewegend,
Die Vokale sich verändernd und verdunkelnd, die Konso-
nanten auf der Zunge weich werdend,
Bis sie zum Klang der Flügel einer Möwe im Wind werden,
Die herausfliegt aus dem Kielwasser eines kleinen Bootes,
das hinaustreibt aufs offene Meer.

Die meisten Isländer sind so stolz auf ihre Sprache wie auf
ihr Land und schützen sie mit äußerstem Einsatz vor dem,
was sie als eine ausländische Invasion ansehen. Komitees zum
Schutz der Sprache bemühen sich enorm, zu verhindern, dass
ausländische Wörter aufgenommen werden. Und wenn ein
neues Konzept oder eine neue Erfindung nach Island importiert
werden, dann machen sie sich daran, eine isländische Entsprechung
zu erfinden. Die Sagas werden durchleuchtet, um Wörter zu finden, die nicht
mehr zum allgemeinen Sprachgebrauch gehören und umfunktioniert
werden können. Um „Telefon" zu vermeiden,
wurde das Wort *sími* ausgegraben, ein altes Wort für Faden.
„Satellit" – *gervitungl* – war schwierig, wurde aber aus den
Wörtern für „künstlich" und „Mond" zusammengesetzt. Das
Fernsehen heißt *sjónvarp* und kombiniert die Wörter für
sehen und auswerfen (ein Fischernetz), während Computer
tala – das Wort für Nummer – und *völva* – Wahrsagerin und

>> Die meisten Isländer sind so stolz auf ihre Sprache wie auf ihr Land und schützen sie mit äußerstem Einsatz vor dem, was sie als eine ausländische Invasion ansehen.

Prophetin – verbindet, um *tölva* zu kreieren. Trotz der zurechtgebogenen Natur dieser Wörter und der Liebe der Isländer für die allerneuesten Technologien werden sie schnell akzeptiert und allgemein angewendet.

In ganz seltenen Fällen kommt etwas vor, das ein echtes Problem darstellt: Denn was macht man zum Beispiel mit „Langstreckenraketen"? Die Sagas boten kein Wort für einen „Speer, geworfen aus einer großen Entfernung", also musste ein neues Wort erfunden werden, das die Bedeutung „Langstrecken feuriges fliegendes Ding" hat. Die meisten Isländer nennen sie ICBM von *intercontinental ballistic missile*. Zur großen Sorge älterer Leute scheinen die Jüngeren eher gewillt, neue Wörter aus anderen Sprachen, vor allem dem Englischen, zu übernehmen, was wiederum die Sorge aufkommen lässt, eine Sprache mit so wenigen Muttersprachlern sei vom Aussterben bedroht.

>> **Zur großen Sorge älterer Leute scheinen die Jüngeren eher gewillt, neue Wörter aus anderen Sprachen, vor allem dem Englischen, zu übernehmen.**

Im internationalen Wortschatz findet man keine isländischen Wörter, obwohl die Isländer den Anspruch erheben, dass einige von den Wikingern stammenden Wörter es bis ins Englische geschafft haben. Am liebsten zitieren sie *berserk* –Berserker –, entstanden aus „*bear-skin*" (Bärenfell), das verwendet wird für Krieger, die mit der Kraft von zehn Männern kämpften und immun gegen Schmerzen waren. Es ist wahrscheinlich, dass Berserker total berauscht waren, ein von der Bevölkerung durchaus geschätzter Zustand.

Die Isländer sind erfreut bis zu einem Grad, dass es peinlich werden kann, wenn ein Ausländer ihre Sprache lernt. Eines Tages wurde bekannt, dass ein georgischer Rechtsanwalt, sich selbst Isländisch beigebracht hatte. Er kannte keine Isländer und tat es nur zu seinem eigenen Vergnügen. Er übersetzte eine Menge isländischer Literatur in seine eigene Sprache. Die Isländer waren so beeindruckt und dankbar, dass sie den Mann und seine Frau auf Kosten des Staates nach Island einluden und sie zwei Monate lang bewirteten.

Der Autor

Richard Sale wurde im West Country in Südwestengland geboren – ein guter Grund, Sympathie für allen Minderheiten, die seltsame Sprachen sprechen, zu hegen.

Da er recht gut mit Zahlen umgehen konnte, entschied er sich für ein Studium in theoretischer Physik, machte einen Doktor in Astrophysik und suchte sich danach eine Arbeitsstelle im Bereich Glaziologie, um seinen beiden großen Leidenschaften näher zu sein, Schnee und Eis. Er ist inzwischen Reiseschriftsteller, spezialisiert auf unberührte Gebiete, im Besonderen die Arktis.

Er verliebte sich in Island, als er es zum ersten Mal sah – obwohl das kaum möglich war durch den feinen Regen, der fiel – und hat das Land seither sommers wie winters besucht. Er ist ständig frustriert wegen des Wetters und endlos fasziniert von den vielfältigen Landschaften, der Vogelwelt und den Bewohnern (allerdings nicht immer in dieser Reihenfolge). Glücklicherweise haben sich die Elemente und die Vögel zusammengetan, so dass ihm und seinem Mitautor Eugene Potapov der angesehene Preis der US Wildlife Society für das beste Buch des Jahres für ihr Werk *The Gyrfalcon* (Der Gerfalke) – der weltgrößte, weiße, arktische Falke – verliehen wurde.

Er möchte verschiedenen isländischen Freunden für ihre (teilweise unbeabsichtigte) Unterstützung bei diesem Buch danken. Leider ist keiner von ihnen bereit, sich zu erkennen zu geben.

Was mir noch aufgefallen ist ...

Die Isländer ...

_____

_____

_____

_____

_____

_____

_____

_____

_____

_____

_____

_____

Poste ein Bild von diesen Seiten auf Instagram unter #fremdenversteher #reiseknowhow oder auf Facebook/Reise Know-How oder schick uns eine Mail an fremdenversteher@reise-know-how.de

Was mir noch aufgefallen ist ...

Du weißt, dass Du in Island bist, wenn ...

Poste ein Bild von diesen Seiten auf Instagram unter #fremdenversteher
#reiseknowhow oder auf Facebook/Reise Know-How oder schick uns
eine Mail an fremdenversteher@reise-know-how.de

Außerdem von REISE KNOW-HOW:

Außer den Fremdenverstehern gibt es von REISE KNOW-HOW viele Bücher rund ums Reisen und für die weite Welt.

Reiseführer

Mehr wissen, mehr sehen, mehr erleben: Die kompletten Reisehandbücher für fast alle touristisch interessanten Länder und Gebiete. Seit 35 Jahren Antworten auf alle praktischen Fragen von A bis Z, dazu Hintergründe, Geschichte und Geschichten.

CityTrip

Die handlichen, praktischen Stadtführer mit Faltplan und Web-App für den individuellen Kurztrip. Erhältlich für alle Metropolen und die schönsten Reiseziele, aber auch für viele kleinere Städte, die es noch zu entdecken gilt.

Kauderwelsch-Sprachführer

Die Kauderwelsch-Familie umfasst neben dem handlichen Sprachführer auch den dazu passenden AusspracheTrainer (mp3-Download oder Audio-CD). Kauderwelsch-Sprachführer bieten mehr als ein reines Phrasenbuch: Die knappe Einführung in die Grammatik, die Wort-für-Wort-Übersetzungen und das Wörterverzeichnis helfen, sich schnell in der neuen Sprache zu orientieren und sie bald selbst anzuwenden. Auch gut für Auffrischer.

KulturSchock

Die Bände in der Reihe KulturSchock sind so etwas wie die großen Brüder der Fremdenversteher. Sie stellen fundiert Hintergründe dar, erklären Verhaltensweisen und bieten Orientierungshilfe im Reisealltag. Insbesondere für alle empfohlen, die sich beruflich, als Reisende oder wegen familiärer Verbindungen länger in einem anderen Land aufhalten.

... und vieles mehr auf www.reise-know-how.de

„Die Franzosen mögen es, wenn sich die Regierung in ihr Leben einmischt. [...] der Staat ist Frankreich (wie Kochen, Wein, Frauen, das Landleben, Paris, Kultur, Kinder, Freiheit-Gleichheit-Brüderlichkeit und ihr angeborenes Recht, auf dem Zebrastreifen zu parken)."

„Die meisten Nationen betrachten die Niederländer als organisiert und effizient – ähnlich den Deutschen, nur nicht so beeindruckend. [...] Die Bäume in der Landschaft sind in Linien gepflanzt und die schwarz-weißen Kühe sind in ordentlichen kleinen Gruppen arrangiert."

„Japaner sind von Haus aus gesellig – Individualität und Egoismus sind genauso willkommen wie ein Sumoringer, der sich am Büffet vordrängelt. [...] In Japan möchte sich jeder von allen anderen unterscheiden und zwar auf genau die gleiche Art."

„Die Engländer sind stolz auf ihren Sinn für *fair play* und nehmen an, dass dieser auch von allen anderen anerkannt und bewundert wird. [...] Wenn also ein Engländer sein Wort bricht, sollten die Ausländer gefälligst verstehen, dass es einen zwingenden Grund dafür gibt."

„Aus schwedischer Perspektive sind die Unterschiede zwischen den nordischen Ländern gravierend. Dänemark ist horizontal, Norwegen ist vertikal, Island schmilzt weg, Finnland ist ein Labyrinth und Schweden ist atemberaubend idyllisch."

„Die USA sind ein Land, in dem sich einst Abenteurer, religiöse Fanatiker und Außenseiter niederließen (eine demographische Mischung, die sich in den letzten 400 Jahren kaum geändert hat)."

In der Reihe „Die Fremdenversteher" sind bisher erhältlich:

So sind sie, die Amerikaner	ISBN 978-3-8317-2870-1
So sind sie, die Engländer	ISBN 978-3-8317-2872-5
So sind sie, die Franzosen	ISBN 978-3-8317-2873-2
So sind sie, die Isländer	ISBN 978-3-8317-2875-6
So sind sie, die Italiener	ISBN 978-3-8317-2876-3
So sind sie, die Japaner	ISBN 978-3-8317-2877-0
So sind sie, die Niederländer	ISBN 978-3-8317-2874-9
So sind sie, die Österreicher	ISBN 978-3-8317-2878-7
So sind sie, die Polen	ISBN 978-3-8317-2879-4
So sind sie, die Schweden	ISBN 978-3-8317-2880-0

Alle Titel haben 108 Seiten und kosten 8,90 € (in Deutschland). Außerdem sind alle Titel auch als E-Book verfügbar, jeweils in den Formaten epub und mobi (für Amazon kindle).